1935

2024

土浦亀城邸

TSUCHIURA KAMEKI HOUSE

TSUCHIURA KAMEKI HOUSE EDITORIAL COMMITTEE

はじめに

土浦亀城邸は、建築家である土浦亀城・信子夫妻の2軒目の自邸として、1935年（昭和10年）、東京・品川の上大崎に建てられた。この希少な戦前のモダニズム住宅は、第二次世界大戦の戦禍などを乗り越え、また二度の増減築や大規模な外装修理を経ながらも竣工当時の姿をほぼとどめており、1995年（平成7年）に東京都指定有形文化財、1999年（平成11年）にはDOCOMOMO Japanによる最初の20選に選定されている。
創建から約90年を経た2024年（令和6年）5月、東京・青山の「ポーラ青山ビルディング」敷地内に復原・移築工事が完了し、一般公開される運びとなったことは喜ばしい限りである。

土浦邸が創建時とほぼ同じ姿で残されていたことは奇跡的と言える。モダニズム建築の中でも住宅は、一般的に存続が困難とされる。長い年月の間で居住する家族の形態が変わったり売買によって所有者が変わったりする中で、その多くは建て替えられたり、大きな増改築が行われ、創建時の原型をとどめていない。
土浦邸は、竣工直後に亀城の母親が同居するための増築が行われ、その後敷地西側の土地の一部を売却するために減築も行っているが、居間・食堂・寝室などの主体部は幸いにも大きく変容しなかった。それは、子のいない建築家夫婦と秘書の3人での生活が長く続いたため、大きな改修を行う必要がなかったことと、土浦夫妻が亡くなった後に住み継いだ秘書の中村常子氏が、尊敬する夫妻の遺留品も含めて、建築に一切手を入れなかったことが大きかった。

「木造乾式工法」でつくられていた土浦邸は躯体や仕上材の傷みが早く、復原・移築前は主要構造体の柱や梁の一部が腐敗・欠損していた。また断熱に関しても、創建当初は壁内に籾殻が詰められていたが、おそらく外壁改修時にこれらが抜け落ちており、ほぼ断熱効果がない状態であった。さらに木製建具は隙間だらけで室内から外が見えていた。

このように構造的にも熱環境的にも、健康的で住み心地の良い住宅であるとは言い難かったはずである。土浦夫妻は夏の間、軽井沢で過ごすことが多かったそうだが、こうした事情も関係していたように思われる。
しかし、土浦夫妻は共に100歳近くまで、この階段の多い住宅で健康的に暮らし続けた。また近年、多くの人がこの小住宅に魅せられ、建築界を中心としてその研究や保存運動が行われてきた。土浦邸には個人の嗜好を超えた、普遍的な「空間の魅力」が宿っているのだろう。

復原・移築に先立って実施した学術調査により、土浦邸は長年建築の形態は大きく変化しなかったものの、一部の部材や塗装は変更されていたことが判明した。今回、私たちは建築の材料と色、そして家具や敷物に至るまで綿密な調査を行い、創建時の姿を復原している。その一方で構造や設備など安全性や快適性に関わる部分には現代的な性能を付与している。

本書は、今回の復原・移築プロジェクトの概要を記録して、土浦亀城邸の魅力に迫るものである。

安田幸一(建築家)

Preface

The Tsuchiura House was built in Kamiosaki, Shinagawa Ward, Tokyo, in 1935, as the second home of architects Kameki and Nobuko Tsuchiura. This rare prewar modernist residence survived the ravages of World War II and has undergone two additions and remodeling, yet retains much of its original appearance. In 1995, it was registered as a Tangible Cultural Property by the Tokyo Metropolitan Government and selected as one of the first 20 Japanese buildings of outstanding universal value by DOCOMOMO Japan.

It is a great pleasure to announce that in May 2024, almost 90 years after its construction, the restoration and relocation of the building to the premises of the POLA Aoyama Building in Aoyama, Tokyo, was completed, and the building has been opened for reserved tours.

It is miraculous that the Tsuchiura House has survived in almost the same condition as when it was first built. Among modernist buildings, houses are generally considered to be the least likely to survive. Over the years, as the structure of Japanese families has changed and ownership has been transferred through sales and purchases, many houses have been reconstructed or extensively remodeled, and have not retained their original form at the time of construction.

In the case of the Tsuchiura House, an addition was made for Kameki's mother to live with the couple soon after its completion, and later, the addition was removed in order to sell part of the land on the west side of the site. But fortunately, the main parts, such as the living room, dining room, and bedroom, were not significantly altered. This was due in large part to the fact that the architect couple had no children and lived in the house with their secretary for a long time, so that they did not need to make any major renovations. Tsuneko Nakamura, the secretary who took over ownership of the house after the couple's death, made no changes to the building nor to the arrangement of items left by the couple, whom she deeply respected.

The Tsuchiura House, built using the wooden-frame drywall construction method, suffered rapid damage to its frame and finishing materials, and some of the columns and beams of the main structure were rotten or missing before the restoration and reconstruction. In terms of insulation, the walls had been stuffed with rice husks when the house was first built, which were probably lost when the exterior walls were renovated, leaving the house with virtually no insulation. In addition, there were many gaps between the wooden fittings, allowing the exterior to be seen from the interior.

Thus, both structurally and thermally, the house could hardly be said to be healthy and comfortable to live in. The Tsuchiuras spent several months every summer in Karuizawa, which seems to have been related to these conditions.

However, the couple continued to live healthily in this stair-filled house until they were nearly 100 years old. In recent years, many people in the architectural world have been fascinated by this small house, and there have been research and preservation movements. The Tsuchiura House has a universal appeal as a space that transcends one's personal preferences.

The academic research conducted prior to the restoration and relocation revealed that the form of the house had not changed significantly over the years, but that some of the members and paint had been altered. The house has now been restored to its original appearance after conducting a detailed survey of the building's materials and colors, as well as the furniture and carpets. At the same time, the structure and utilities have been modernized where required to assure safety and comfort.

This book presents the appeal of the Tsuchiura House by documenting the full scope of the restoration and reconstruction project.

Koichi Yasuda, architect

Contents

003 はじめに　安田幸一（建築家）
Preface by Koichi Yasuda (Architect)

011 土浦亀城邸　その強さの魅力　植田実（編集者）
The Fascinating Potency of the Tsuchiura House
by Makoto Ueda (Editor)

014 THE TSUCHIURA HOUSE 1935 | 2024

044 土浦亀城邸（第二）
The Tsuchiura House (No. 2)

復原・移築プロジェクトの概要
Overview of the Restoration and Relocation Project

048 プロジェクト年表

051 土浦亀城邸の復原と移築
昭和の住宅が現代へ舞い降りたか、
私たちが昭和へタイムスリップしたのか
安田幸一（建築家）
Preservation, Restoration and Relocation of
the Tsuchiura House:
A Showa-era House Built Today,
or Did We Slip Back in Time?
by Koichi Yasuda (Architect)

066 長者丸地区のコミュニティ

土浦亀城邸と土浦亀城・信子夫妻
Kameki and Nobuko Tsuchiura and the Tsuchiura House

070 土浦亀城邸再訪　岸和郎（建築家）
Revisiting the Tsuchiura House
by Waro Kishi (Architect)

076 土浦亀城邸及び亀城・信子夫妻に関わる年譜
A Chronological History of Kameki and Nobuko Tsuchiura
and the Tsuchiura House

078 土浦亀城・信子夫妻について　田中厚子（建築史家）
About Kameki and Nobuko Tsuchiura
by Atsuko Tanaka (Architectural Historian)

090 第一の土浦亀城邸

095 土浦亀城先生の日常　中村常子（元秘書）

096 温かな人柄と建築　小川信子（建築家）

102 土浦邸訪問記
槇文彦（建築家）・藤森照信（建築家・建築史家）

復原・移築プロジェクトの詳細
Detail of the Restoration and Relocation Project

106 主題としてのモダニズム住宅の文化財修理
山﨑鯛介(建築史家)
Restoration of a Modernist House as a Cultural Property
by Taisuke Yamazaki (Architectural Historian)

109 歴史考証と調査、現状変更方針について
加藤雅久(建築技術史家)

118 土浦亀城邸の工法・素材・ディテール
長沼徹(建築史家)
Construction Method, Material, Detail of the Tsuchiura House
by Toru Naganuma (Architectural Historian)

119 乾式工法と増改築
Drywall Construction, Extension and Remodeling

128 仕上材
Finishing Materials

132 色彩
Colors

136 パネルヒーティングの実装と挑戦
Challenges in Installing Panel Heating System

140 鋼管家具・カーテン・ラグマット
Tubular Steel Furnitures, Curtains and Rugs

144 復原・移築プロジェクトにおける工事のポイント
山田和臣(鹿島建設)・後藤喜男(後藤工務店)

169 図面集

181 『都市住宅』への掲載

184 土浦亀城邸
復原・移築プロジェクトに至るまでの主な出来事

186 復原・移築の設計・施工体制と完成後の運営体制

187 謝辞　あとがきにかえて　安田幸一

188 註釈

188 文中人名解説

190 執筆者・インタビュイー・編集担当略歴

191 クレジット

本書における所属・組織名等は
2024年6月の竣工時のものとしている。
また、文中に＊で記した註釈及び
文中の主要な人名等の解説は
p.188に掲載している。

土浦亀城邸　その強さの魅力

植田実（編集者）

1935年（昭和10年）竣工時の平・断面形に、仕上材も塗装色も同じく時を戻した姿に、復原。この方針に基づいて土浦亀城邸は、各部の老朽化、腐朽が甚だしかったが、残すもの、直すものを見極めながらの修復が進められたという。方針が明確なだけ面倒が発生する。もちろん関連諸法規まで1935年に戻せない。だが、それ以上に、細部が誘い出す全体が見えてきた。その小さな一住宅の大きさは建築を超えていた。

木造乾式工法。この建物を一貫している、左官などに頼らない造りである。内外共に飾り気のない面の構成で、解体作業中にその一部の仕上材が剥がされ、隠されていた木の構造材が露わになった。安田幸一さんから連絡をもらい、立ち会った。整然と縦横に組まれた格子のあちこちに様々な木片や薄板が添えられたり挟まれていたり。「平滑な面」を実現するための裏処理である。編集者としてよく立ち会っていた活字活版印刷工場と同じだ。活字が言葉になるために集められ組まれても、まだ印刷は始まらない。見た目には分からない活字それぞれの寸法差を、今度はインクを載せる紙の側から手探りする。ちり紙を手で裂きながら問題箇所に貼り付けて均一の刷面にしていく、あの神技と同じだ。土浦邸が最も土浦邸である瞬間を拝見できたと思った。

1971年（昭和46年）、現実の長者丸を訪ねて、ようやくその家の始まりからの住まい手でもある土浦御夫妻にお目にかかれた。すぐその家のリズムに包まれた。遊びみたいに工夫された、特に縦方向の取り合わせで、玄関と居間の180度向きを変えて重ねられた同形同寸の長椅子。居間吹き抜けの天井近くに重ねられた寝室、とりわけベッドふたつ。その南側の高い窓や広いテラスに開く庭は、崖上の小王国の如く建物側には寸法のズレを組み入れ、木彫りのウサギを見張り役めかして木隠れに配置。と見ていくと、設計による決定としての立体性は緩和し、移行と変容が発生する。外と内、小さいと大きい、近いと遠い。家具と部屋、窓と壁が常に入れ替わる。建築空間というだけでは終わらない。体験の親和力が働き始める。静止点はひとつだけあり、2階書斎の机に置かれた師・ライトの肖像写真に目が留まる。

「土浦亀城」という建築家の名を知ったのは、戦後まもなく、廃墟東京でたまたま手にした建築誌にモノクロ写真と図版で紹介されていた住宅に魅せられたとき。その本は1941年（昭和16年）発行、私が読んだのは1945年（昭和20年）。短い歳月が大変な時代を跨いでいる。だが白く大きい「平滑な面」は、古い家の形を呑み込むのが建築の「設計」と思うほどの強さがあった。建築は時代から自由なのか。答えが未来なら問いは今こうして復原された。

The Fascinating Potency of the Tsuchiura House

Makoto Ueda (Editor)

The Tsuchiura House has been restored to its original plan and cross-sectional form on completion in 1935, with the same finishing materials and paint colors as before. To achieve this, the restoration work proceeded after a careful assessment of what was to be retained and what was to be repaired, based on the extreme age and decay of various parts. Clarifying the goal made the restoration more troublesome. Of course, we couldn't revert from the current laws and regulations to those in 1935. However, as the restoration work proceeded, I could see how eloquently the details express the house as an entity. That one small house has a presence that goes far beyond its size.

Trocken Montagebau (prefabricated drywall construction) in wood, which does not rely on plastering, was the method used to construct the entire house. The interior and exterior are composed of unadorned surfaces, and when some of the finishing materials were removed during the disassembly process, hidden wooden structural members were exposed. Koichi Yasuda, who led the restoration project, got in touch with me and I had a chance to see them. Various pieces of wood and thin boards were attached or sandwiched here and there in the neatly arranged vertical and horizontal latticework. This was a behind-the-scenes fix to achieve a "smooth surface." It is the same kind of meticulous treatment as that used by typesetters in the type-printing factory I used to visit as an editor. Even after type pieces were collected and composed to make a text, the printing process did not begin yet. A typesetter would first feel by hand any differences in the dimensions of each piece of type, which could not be discerned with the eyes, on the backside of a piece of paper before the ink would be placed. Then, they would tear up the dust paper into tiny pieces, and stick them to the problem areas, in order to achieve an even surface on which to print. It was a divine technique, and what I found at the Tsuchiura House was the same kind of technique. I was convinced that I had discovered what created the potency of the Tsuchiura House.

In 1971, I had visited the house in the Chojamaru district in Shinagawa Ward, and finally met Mr. and Mrs. Tsuchiura, who had lived in the house since the beginning. I was immediately enveloped by the rhythm of the house. The playful and ingenious arrangement, especially in the vertical direction, of the two same-sized chaise longues, one in the entryway and the other in living room, placed 180 degrees in different directions. The bedroom, especially the two beds, near the ceiling of the double-height living room. Outside the high windows and large terrace facing south spreads a garden which incorporates dimensional deviations from the side of the building. It looked like a small kingdom on a cliff, and a carved wooden rabbit was placed between the trees, as if it were a sentry. Here, the three-dimensionality as a design decision was relaxed, and transition and transformation occurred as I saw the garden. The outside and the inside, the small and the large, the near and the far. Furniture and rooms, windows and walls looked constantly interchanged. This was something more than an architectural space. The affinity of experience began to work. There was only one stationary point, the portrait of Frank Lloyd Wright on the desk in the second-floor study, that caught my eye.

I first learned the name of architect Kameki Tsuchiura when I happened to pick up a copy of an architectural magazine in ruined Tokyo shortly after the war and was fascinated by the black-and-white photographs and illustrations of the house featured in it. The magazine was published in 1941, and I read it in 1945. The few years straddle a very difficult period. However, the large, white "smooth surfaces" were so strong that I thought architectural "design" was about to swallow the shape of old, typical houses. It was as if the architect asked a question—Is architecture free from time? If the answer should be found in the future, the question has been resolved for now.

THE TSUCHIURA HOUSE

1935 | 2024

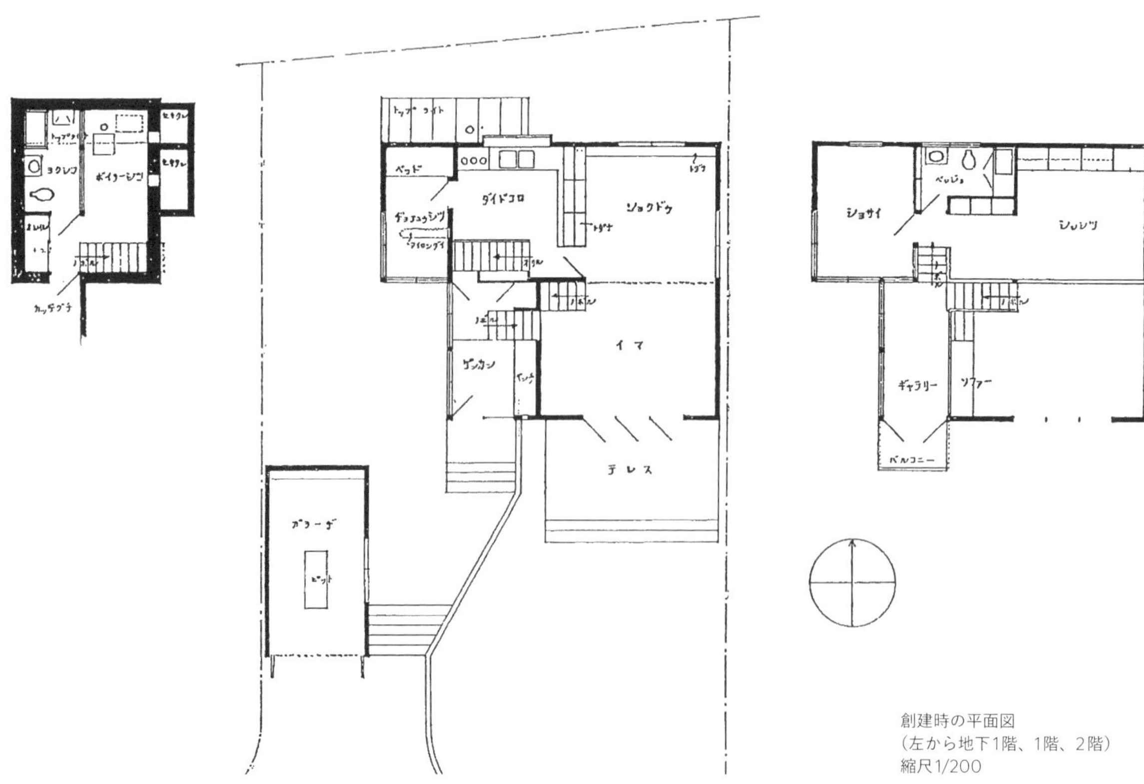

創建時の平面図
（左から地下1階、1階、2階）
縮尺1/200

Left Front
Oven
Right Rear
Right Front

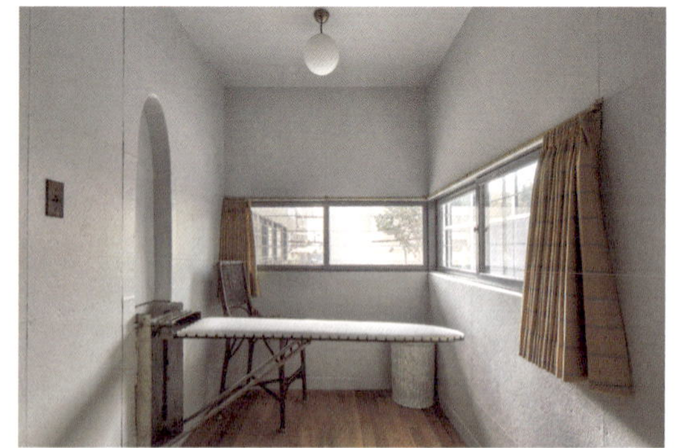

土浦亀城邸（第二）概要

設計	土浦亀城・信子
住所	移築前：東京都品川区上大崎二丁目6-14 （旧：品川区上大崎長者丸270） 移築後：東京都港区南青山二丁目5-13 （ポーラ青山ビルディング南側敷地）
履歴	1935年（昭和10年）　創建 1938年（昭和13年）　増築 1971年（昭和46年）　増築部一部撤去 2024年（令和6年）　移築完了
復原・移築	建築：安田アトリエ 構造：金箱構造設計事務所 設備：ZO設計室 ランドスケープ：ランドスケープ・プラス 歴史考証：東京工業大学山﨑鯛介研究室 居住技術研究所 東京工業大学安田幸一研究室（長沼徹ほか）
施工	［1935年］秋山組 ［2024年］鹿島建設
用途	移築前：住宅　移築後：事務所
階数	地下1階・地上2階
構造	［1935年］木造乾式工法　煉瓦造（地下） ［2024年］木造乾式工法　鉄筋コンクリート造（地下）
床面積	［1935年］地下1階：6.79坪　1階：18坪　2階：18坪
延床面積	［1935年］42.79坪（増築申請書による） ［1938年］69.04坪（増築申請書による） ［1971年］52.25坪 ［2024年］57.89坪（191.36m^2）
最高高さ	［1935年］地盤面より28.5尺（パラペット部）
前面道路幅員又は建築線間距離	［1935年］9尺
所有者	1　土浦亀城（1935年～1996年） 2　土浦信子（1996年～1998年） 3　中村常（常子）（1998年～2018年） 4　前所有者（2018年～2024年） 5　株式会社ピーオーリアルエステート（2024年～）

The Tsuchiura House (No. 2)

Designed by Kameki and Nobuko Tsuchiura

Address
Before relocation: 2-6-14, Kamiosaki, Shinagawa Ward, Tokyo
(Formerly Kamiosaki-Chojamaru 270, Shinagawa Ward, Tokyo)
After relocation: 2-5-13 Minamiaoyama, Minato Ward, Tokyo
(On the POLA Aoyama Building site)

History
Original construction in 1935
Extension in 1938
Partial removal of the extension in 1971
Completion of the relocation in 2024

Restoration and Relocation
Architectural Supervision: Yasuda Atelier
Structural Engineer: Kanebako Structural Engineers
HVAC/Electrical Engineer: Zo Consulting Engineers
Landscape Designer: Landscape Plus
Historical Research: Taisuke Yamazaki Laboratory of the Tokyo Institute of Technology (now the Institute of Science Tokyo)
Habitation Research Studio
Toru Naganuma and members of Koichi Yasuda Laboratory at the Tokyo Institute of Technology (now the Institute of Science Tokyo)

Construction
Original construction in 1935: Akiyamagumi
Relocation and restoration: Kajima Corporation

Purpose of Use
Before relocation: Residence
After relocation: Office

Stories
2 aboveground levels and 1 basement

Structure
Trocken Montagebau (prefabricated drywall construction) with a brick basement in 1935
Trocken Montagebau (prefabricated drywall prefabricated construction) with a concrete basement in 2024

Floor area
18 *tsubo* (59.5m^2) on the 1st floor, 18 *tsubo* (59.5m^2) on the 2nd floor, and 6.79 *tsubo* (22.45m^2) on the basement level in 1935.

Total floor area
42.79 *tsubo* (141.45m^2) in 1935
69.04 *tsubo* (231.21m^2) in 1938
52.25 *tsubo* (172.73m^2) in 1971
57.89 *tsubo* (191.36m^2) in 2024

Maximum height
28.5 *shaku* (8.46m) from the ground level to the top of the parapet

Front road width
9 *shaku* (2.72m)

Owners
1 Kameki Tsuchiura (1935-1996)
2 Nobuko Tsuchiura (1996-1998)
3 Tsune (Tsuneko) Nakamura (1998-2018)
4 Interim owner (2018-2024)
5 P. O. Real Estate (2024-present)

復原・移築プロジェクトの概要

OVERVIEW OF
THE RESTORATION
AND RELOCATION
PROJECT

プロジェクト年表

プロジェクト進行・申請
土浦邸の所在地と
復原・移築プロジェクトに
関する主な出来事

調査・研究
東京工業大学 安田研究室
東京工業大学 山﨑研究室
居住技術研究所

設計・監理
安田アトリエ

施工
鹿島建設

2018年（平成30年）

6　7　8　9　10　11　12

品川区大崎

- 復原・移築プロジェクト始動
- 前所有者が安田幸一と土浦邸を訪問し
  復原・移築に関する設計を依頼
- 売買契約締結
- 建屋・遺品の引き渡し
- 品川区文化財課来邸

現地一次調査
- 現地調査開始

実測図作成・基本計画
- 設計契約

2021年（令和3年）

1　2　3　4　5　6　7　8　9　10　11　12

品川区大崎

- 適応除外申請
- 着手前関係者見学会
- 東京都補助金申請1
- 建築確認申請
- 躯体の3D撮影

現地二次調査

確認申請相当協議　実測図作成・基本計画

- 工事契約
部分解体工事

部分解体調査・軸組補強、
解体順序検討
準備工事
（後藤工務店）
・保存範囲決定
木軸組図作図
・軸組調査、
構造用合板納まり検討
・屋根調査

2022年（令和4年）

1　2　3　4　5　6　7　8　9　10　11　12

- 解体前安全祈願祭
  解体工事開始
- 東京都補助金申請2
- 保存活用計画策定
- 設計契約

全体解体工事

・解体方法調査
・タイル調査、
天井コンクリート解体
屋根小屋組図面
木軸組図作図
・居間天井木下地
解体搬出
・解体工事計画書
・家具、衛生器具、台所、設備機器外し
・アイロン台、流し、戸棚外し、タイル剥がし
・外壁解体
・軸組材解体

2019年（平成31年／令和1年）・2020年（令和2年）

- 2019年1月 遺留品を東京工業大学へ搬送し、調査を開始
- 2019年6月 復原・移築計画を東京都に説明
- 2019年9月 東京都、品川区、港区の現地調査　東京都と協議を開始
- 2019年10月 土浦邸フレンズの会来邸
- 2020年2月 ピーオーリアルエステート社と協議
- 2020年3月 東京都文化財保護審査会　復原移築説明、復原（減築）には難色
- 2020年4月 解体移築のための東京都指定文化財現状変更申請
- 2020年9月 東京都教育委員会が現状変更許可

土浦邸の研究と図面制作（安田研究室）

長者丸地区と他3棟の調査、図面・模型作成（安田研究室）

基本設計

実施設計

設計終了

2023年（令和5年）・2024年（令和6年）

港区南青山

- 2023年2月 解体終了
- 2023年3月 青山にて地鎮祭
- 2023年3月 東京都補助金申請3
- 2023年8月 東京都に計画図提出・審査
- 2023年8月 復原組立のための東京都指定文化財現状変更申請
- 2023年9月 青山にて着工
- 2024年1月 躯体を3D撮影
- 2024年2月 消防・東京都・確認申請機関検査
- 2024年4月 調査を終えた遺留品を搬入　復原・移築工事完了
- 2024年4月 設計者・施主検査
- 2024年5月 建物の3D撮影
- 2024年6月 竣工式（ポーラ青山ビルディングと合同）
- 2024年7月 土浦邸の所有者が前所有者から（株）ピーオーリアルエステートに変更
- 2024年9月 一般公開開始

報告書作成（山崎研究室・居住技術研究所）

各所製作図、仕様検討

工場における部材の確認

復原・移築工事

・車庫、基礎解体整地

コンクリート躯体工事

建具、外装、内装、造作、設備工事

タイル、塗装工事

木工事修理

建方

家具設置

・カーテン、絨毯、置き家具設置

復原・移築前の外観（2023年2月）

土浦亀城邸の復原と移築

昭和の住宅が現代へ舞い降りたか、私たちが昭和へタイムスリップしたのか

安田幸一（建築家）

土浦亀城邸の誕生から復原・移築に至る経緯

土浦亀城邸は、1935年（昭和10年）に品川区上大崎に建てられた木造乾式工法によるモダニズム住宅である。設計者本人が長期にわたり住み続けていたため、オリジナルの状態が保存されている稀有な例である。この土浦邸は、1995年（平成7年）に東京都指定有形文化財（建造物）に指定され、また1999年（平成11年）にはDOCOMOMO Japanの最初の20選に選定されるなど、昭和の住宅史を代表するインターナショナルスタイルの都市型小住宅として高く評価されている。1996年（平成8年）に亀城が、続いて1998年（平成10年）に妻の信子が亡くなり、その後は夫妻と長年同居していた元秘書の中村常子氏が相続して居住した。

そしてその中村氏も高齢になる中で、住宅建築の名作を後世に残す活動を展開している一般社団法人住宅遺産トラストが、2016年（平成28年）から土浦邸の後継者探しのサポートを始める。その結果、2017年（平成29年）末に“個人”である前所有者が土浦邸の保存を目的として購入することになった。この時、中村氏からは建築の他、土浦夫妻の遺留品も継承された。

前所有者は、保存のための改修設計を私に依頼する。彼の勧めもあり、2018年（平成30年）夏、土浦邸の保存活動に長年取り組んできた藤森照信氏に山﨑鯛介氏と共に面談し、土浦邸に関するそれまでの経緯と保存に関する留意点をご教示いただいた。

このようないきさつを経て、土浦邸の保存に関する建築設計を私が、歴史考証を山﨑氏が中心となって行う体制となった。歴史考証には後に加藤雅久氏がチームに加わる。

そして同年秋から安田アトリエ（北田明裕ら）・東京工業大学安田研究室（長沼徹ら）が中心となり、品川区上大崎において建物調査と実測が始まり、保存の方法についても検討がスタートした。

2020年（令和2年）9月に土浦邸の現状変更案と移築が東京都教育委員会に認められ、翌2021年（令和3年）4月から詳細な解体調査が始まる。2年後の2023年（令和5年）2月末に解体工事が完了し、同年9月から港区南青山（「ポーラ青山ビルディング」敷地内）でのコンクリート躯体、木軸建方工事が始まり、2024年（令和6年）2月に内外装、仕上げ工事を終えた。そして同年4月末にカーテンや家具、遺留品の搬入も終えて復原・移築工事が完了した。そして移築直後の2024年7月、土浦邸と土浦夫妻の遺留品は、前所有者からピーオーリアルエステート社に寄贈された。

ライトや東欧モダニストから影響を受けた空間構成

昭和初期に誕生した土浦邸は、白い箱型の外観、居間・食堂を中心とした機能的な平面構成、居間の吹き抜けとスキップフロアによる立体的な空間構成、天井パネルヒーティングを用いた実験的な空調設備、作業性を追求したシステムキッチン等、現代につながる都市住宅の特徴を有していた。

1920年代初頭、若き土浦は後に日本初の女性建築家となる妻・信子と共に、米国のフランク・ロイド・ライトの事務所で修業している。そのライトが設計を手掛け、現在は明治村に移築保存されている「帝国ホテル中央玄関」のスキップフロアを見ると、ライトの思想が土浦邸の空間構成に少なからず影響を与えたと思われる。その一方で土浦は、東欧出身の建築家であるリチャード・ノイトラやルドルフ・シンドラーらからも多くを学んでおり、また後にチェコ出身のベドジフ・フォイエルシュタインと協働で設計した経験等から、東欧のモダニズムの影響を強く受けていたと考えられる。こうして土浦は、米国・欧州における当時最先端のモダニズムを肌で学びながら、日本の庶民が建てることのできる「木造による都市型小住宅のプロトタイプ」をめざして、自邸での実証実験に至ったのである。

文化財としての4つの保存再生方針

土浦邸保存プロジェクトは、2018年6月からスタートした。現地で実測や調査を進めると同時に、施主の前所有者と私たちは、中村常子氏、住宅遺産トラスト、そしてそれまで土浦邸の保存活動を行ってきた多くの関係者(槇文彦氏、小川信子氏、植田実氏、田中厚子氏、津村泰範氏、東京都教育委員会メンバー、江戸東京博物館学芸員)とも面談し、土浦邸の保存に関わる情報を可能な限り収集した。その後、山﨑鯛介氏と共に、土浦邸を文化財として保存・再生するにあたり、以下の4つの大方針を定めた。

1. 文化財としてのオーセンティシティ(Authenticity)とインテグリティ(Integrity)に十分配慮する。
2. 永続的な保全を見据えたサステナビリティ(Sustainability)を考え、健康的な保存・再生環境と運営体制も考慮した提案を行う。
3. 耐震性能・防水性能・断熱性能について、文化財的価値の保持に支障のない範囲で必要十分な性能を与えるため、空調換気設備、電気・照明設備、給排水設備には現代技術を利用する。
4. 現所有者の強い意向として、土浦氏が保有してきた遺留資料や家具を、土浦邸と共に一般公開することをめざす。

調査時の状況と、移築の可能性

設計図については、土浦夫妻の遺留品を調査したが、一部の複写図面と確認申請図書は現存していたものの、残念ながら設計図書の原図は発見できなかった。そこで複写図面の柱割寸法を参照し、また竣工時の記録写真、掲載雑誌や文献の調査から考察を行い、さらに部分的に壁や天井を剥がす現地調査によって、現況実測図の作成と創建時の図面作成を実施した。

次に部分的な解体調査を行った結果判明した土浦邸の状態について記す。まず建物の木軸躯体は、長年にわたり漏水や白アリの被害を受け続けており、増減築とは別に過去二度の大規模修理が施されていたことが判明した。柱と梁、柱と土台が離れて浮いているところも数カ所発見され、居間の東南角の柱や東側の梁等は、抱き柱・抱き梁で半ば強引に補強されていた。台所床、中2階のギャラリー床、2階寝室東側床下の大梁や根太も腐敗が進んでおり、人が床に乗ることも危険な状態であった。

また内装の壁・天井は、植物性繊維素材のテックスが用いら

左及び右上：高齢となった中村常子氏が退去した後の土浦邸
左：特徴的なグリーンの階段の色は、創建時は濃いグレーであったことが、調査により判明した
右上：外壁は何度も張り替えられ、ツギハギだらけの状態であった
右下2点：2021年6月に行った部分的な解体調査
右下、左：壁のテックス表面には、創建時にはなかった寒冷紗が全面的に張られていた
右下、右：部分的に仕上材を剥がして、内部調査を行った

上左：2022年1月、居間南面開口部の調査により判明した状況。
居間開口部枠と壁の納まり。外壁を竪板羽目張りに直した際に壁厚が大きくなったため、
木製の付枠が追加されていたことが判明した。これは今回の復原で撤去している
上右、上：2022年8月、全体的な解体の最中の土浦邸内部解体が進むと、
天井内や壁内の下地が露わとなり、
2尺×3尺のモデュールが重要視されていたことが鮮明になった
上右、下：巨大な鋼製建具。網戸は創建時になかったため、復原時に撤去している

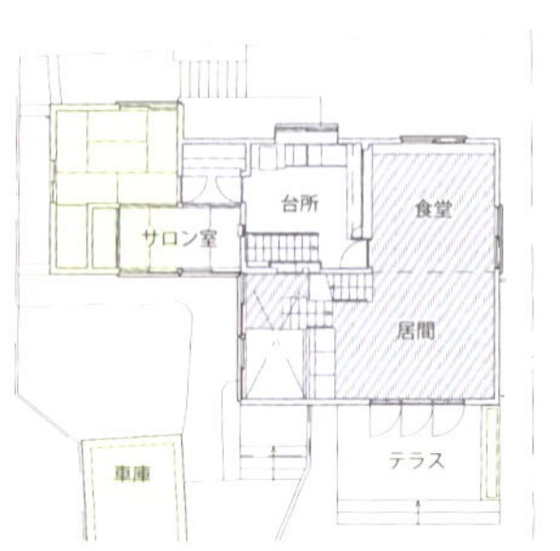

今回のプロジェクトにおける復原部と撤去部　縮尺 1/400

れていたため、白アリによる虫食いと吸湿・乾燥の繰り返しによってほとんどの仕上材は再利用することが困難であることが明らかとなった。さらに断熱材については、当初用いられていた籾殻が2階書斎天井懐内にある程度残っていたが、外壁内部の籾殻についてはほぼ抜け落ちて土台の上に散乱している状態であった。
この調査結果を踏まえて山崎氏や構造設計の金箱温春氏らと共に建物の具体的な保存方法について検討を重ねた結果、今後文化財として長期にわたり健全な状態に保つためには、木軸・小屋組・仕上げに至るまで土浦邸全体を一度解体し、部材を工場に引き上げてその1本1本まで部材の健康状態を確認する必要があると判断した。柱梁材についてはオリジナル部材を極力保全するが、腐敗した部材は新材に取り換えるなどの補強を行う方針とした。また外壁に関しては、創建時のアスベスト含有の石綿スレート板は竪板羽目張りに変わっていた。一度解体して部材をすべて点検し、修理した上で再度組み立てる方針が決まったことから、別の敷地で再生する移築の可能性も視野に入ってきた。

「復原」方針の決定

文化財として保存するために建築を過去の姿に戻す場合、わが国のこれまでの事例では「文化財指定時の姿」、つまり土浦邸については東京都指定有形文化財に指定された1995年（平成7年）の姿に戻すことが基本であった。しかし土浦邸では、1935年の「創建時の姿」を再現する「復原」を行う意匠保存を提案した。このため、創建から3年後の1938年（昭和13年）に増築されたアトリエ及び使用人室の増築部も撤去し、1935年時点の平面形と立面形に戻すこととした。また車庫については復原部分を必要最低限とする方針により除いている。さらに長年にわたり幾度となく変更された仕上材と塗装色についても、1935年時点の状態に復原する方針を打ち出した。
このように建物を創建当初の姿に復原することは、神社仏閣を主とする日本の文化財保存においては馴染みのない手法である。しかし、欧米の近代建築保存では既に多数の実績があり、建築史家の藤岡洋保氏からもチェコ・ブルノにある「トゥーゲントハット邸」（ミース・ファン・デル・ローエ設計／1930年竣工）が参考になるとの示唆をいただき、藤岡氏と数人の学生と共に現地を訪れ、第二次世界大戦で荒廃した邸宅が、竣工時の姿に見事に復原されている好例を確認することができた。

「移築」方針決定の経緯

土浦亀城は、土浦邸が建っていた品川区上大崎長者丸地区の区画割りの設計も手掛けている。その計画は山手線の線路側（西側）へ傾斜した土地を、計4軒の住宅地に分割したものである。主道路側（東側）に地主であった「竹内昇邸」がほぼ間口いっぱいに広がり、南端部に他3軒のためのアプローチ入口を設け、奥に進むにしたがってジグザグ状の道路を計画している。4軒のうちの3軒の住宅は土浦によって設計されており、この地区はさながらドイツのジードルンクを思わせるものであった。昭和初期の日本家屋の街並みに、忽然と出現した白いキューブ状の住宅街は、さぞ衝撃的な風景であっただろうと想像できる。
私たちが調査を行った段階では、長者丸地区に土浦邸以外の3軒の姿は既になく、地区周辺の土地も細分化されてマンションが建ち並んでいた。このように土浦邸創建当時の環境からは既に大きく変貌しており、文化財である土浦邸をこの場所に保持する強い理由はもはやなくなっていた。むしろ、文化財として一般公開することを想定すると、この静かな住宅街の住民への配慮を優先すべきだと考えた。
また前所有者は土浦邸の保存について、個人で長期にわたり維持・管理することは難しいため、建築文化に理解があり、かつ永続性の高い企業が建物の将来を担っていくことが好ましいとも考えていた。そうした中で、建築文化財の保全に深い理解をもつポーラ・オルビスグループのピーオーリアルエステート社が港区南青山に計画していた「ポーラ青山ビルディング」（2024年）の奥敷地が、偶然にも土浦邸の道路面と1階床面の高低差とほぼ同じ（約1.3m差）であることが判明し、土浦邸の移築地として浮上する。そして2019年（令和元年）の末、ビルの所有者であるピーオーリアルエステートの小西尚子社長から正式に土浦邸移築の内諾を得ることになる。これらの保存方針に対して、2020年（令和2年）9月に東京都教育委員会より「復原・移築」の許可が下りた。

解体時の調査と工事で判明したこと

土浦邸は、解体工事を前提として内外装材を徐々に取り外していったが、仕上材を完全に剥がして初めて明らかになったことも多かった。おそらく創建時の現場において急場凌ぎで柱の切り欠きや継ぎ足しが行われた部分も数カ所見られた。「逃げ」のない仕上げと構造であるため、和風建築をつくっていた昭和初期の大工には大変難易度の高い仕事であったと想像される。

土浦邸の特徴である2尺×3尺モデュールを内外装に適用するため、構造は6尺グリッドから逸脱している柱も見つかった。居間の大開口部の西側柱は、1本分ずれたところに立てられており、上部の2間飛ばしの大梁は、ずれた柱の横面にボルト締めで納められていたことも、解体により明らかになった。これは開口部を優先して9尺ピッタリにするためであり、意匠（仕上げ）優先の言わば「強引な納まり」であった。

木軸部材は、大工が通常の在来工法で用いる部材で構成されていたが、部材同士の接合部には厚さ5〜6mmの鉄板を曲げてつくった補強金物が49カ所も部材を頑強に留めつけてい

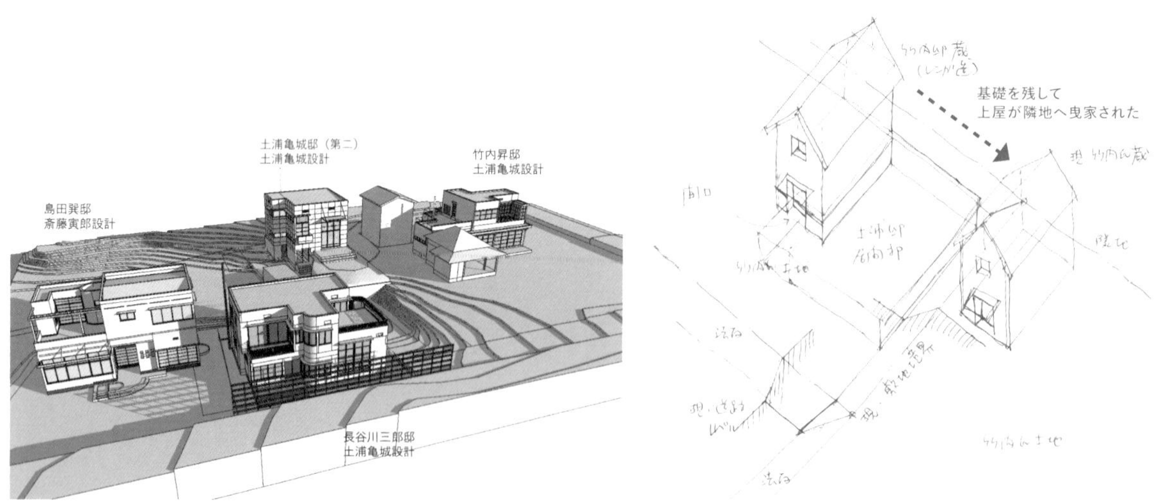

左：土浦邸が創建された当時の長者丸地区／右：安田幸一氏による土浦邸の基礎調査と地下躯体のスケッチ

たことが判明した。また居間の大開口のスパン中央に吊りボルトが入っていることも明らかになった。こうした金物類が耐震性の向上に寄与したことは間違いないと思われる。
また、基礎についても発見があった。布基礎の一部、平面形のちょうど真ん中の柱の下部から、2m長のコンクリート製の杭状部材が掘り起こされた。元々の土地が東から西側(谷筋である山手線側)に傾斜していた際、おそらくその盛土部分に打ち込まれていたものであろうと想像できる。
さらに、地下躯体の解体時には、浴室・便所の基礎〜腰壁にかけて分厚いレンガ壁が確認された。これは元々隣家の竹内家が所有していた蔵の基礎を、そのまま土浦邸の浴室・便所の基礎に利用していたもので、土浦はこの煉瓦基礎を残すことを与条件として捉え、住宅の設計を行っていた。

南青山での復原工事

品川区上大崎において土浦邸の解体工事が終了し、2023年(令和5年)秋には港区南青山の「ポーラ青山ビルディング」の地下構造上部に、土浦邸の地下コンクリート躯体が打たれた。このコンクリートが一定の強度に達した後、10月から木軸の建方工事が始まった。
土浦邸の木造躯体は、外壁の木ずり壁や不規則に配置された筋交い等の耐震要素が存在したが、耐震性能は現行法規の水準に達していなかった。建築基準法上の耐震性能を確保するために2階床面や屋根面、建物周囲壁面と一部内壁に対して、構造用合板や鋼板等を柱梁に固定する「創建時の壁厚内での耐震補強の設計」が、金箱構造設計事務所によって行われた。また金物については、オリジナルの補強金物を同じ箇所に再設置し、かつ必要な箇所には現代の補強金物を適宜追加している。この新旧金物が同居している様を、遠い未来の研究者が見つけてくれるであろう。

内装材の再生と環境性能、そして文化財としての価値保全

復原する建物の精度をどのように設定するかについては、判断が難しかった。既存の建屋は老朽化しており、また元施工の精度が現代ほど高くなかったことにも起因するが、移築の際に水平垂直を正確に出そうとすると既存部材が納まらないケースが生じた。例えば居間からギャラリーへ登る階段は、垂直方向の2尺モデュールにピッタリと合わなかった。同様に壁パネルでも微妙に合わない寸法が出てきた。現場では、理想的な寸法を追求しながら、尺寸ピッタリではなく、ミリ単位の調整を繰り返すこととなった。
外壁は、オリジナルの石綿スレート板で目地割りを施した意匠を尊重して、土浦亀城の意図した乾式工法としての外壁パネル割りを再現した。また耐震性能・防水性能・断熱性能を高めるための構造用合板下地に防水膜(アスファルト系シート)を施している。外装のフレキシブルボード板が割れにくいように、ルーズホールにビス留めを施し、シール底は目地割りが見えるように奥目地とした。内装の特徴であるテックスは、現在入手可能な類似のインシュレーションボード(植物繊維材)を使用した。また断熱材として、創建時は外壁面内に籾殻が充填されていたが、これは柱間に高性能断熱材(ポリスチレンフォーム)を挿入する仕様へ変更している。

建具、金物・階段・家具、壁面収納、カーテン・ブラインドの復原

階段や建具などは、可能な範囲で一体化した状態(大払し(おおばらし))で解体・移築作業を行った。造作ソファ、寝室の化粧台、スツール等の現存する家具や備品は、修繕・補修作業を行っている。壁面収納については建付を調整し、再塗装を施して保存した。テーブル・椅子・照明器具等は、現存するものは修理・補修・復原塗装を施し、現存しないものは新規に製作し

た。カーテン・カーペットについては、形状や布地の柄（縞模様）の寸法を創建時の白黒写真から定めて、その色彩については雑誌等の説明文を元に、糸を選定して見本布を製作し、建築の周辺部材との組み合わせから色調を判断した。色彩については、前所有者に最終的な判断をいただいている。ブラインドについても、写真からの判断と昭和初期のカタログを詳細に調査して形状と色彩を決定しており、同時に重量を考慮して安全のため電動化を施している。

設備には現代技術を導入

創建時の石炭ボイラーによる所謂セントラル空調方式や天井輻射暖房は撤去し、今の時代に則した設備計画がZO設計室によってなされた。空調方式は意匠性を優先し、床・壁・天井や巾木スリットからの吹出口・吸込口を設けている。居間の天井内には創建時の放射暖房パイプを展示品として保存した。創建時も縦配管の経路に苦労したであろうことは解体時に確認されたが、今回の改修でも電気・空調設備の配管経路を見つけ出すことは大きな苦労を伴った。

給排水設備も基本的には新設である。創建時の水栓金物で今後も使用可能なものは継続使用している。移築前に使用されていた台所水栓、風呂シャワー水栓は創建時にはなかったものであるが、保存することとした。

電気系統設備はこれを一新した。居間スタンドや寝室窓側化粧台の現存する照明器具は修理・再生し、現存しない照明器具は、写真から寸法を追って新規製作した。

文化財としての安全性を目的として、新たに防犯カメラ等のセキュリティ設備を設置しているが、こうした部分には明確に現代の工事であることが判別できる製品を採用した。

未来への遺産として

2024年（令和6年）2月に港区南青山における建築・設備工事が終わり、4月末に家具やカーテンを含めた「復原・移築工事」が完了した。こうして土浦亀城邸は、ほぼ90年前に建設された姿で生まれ変わった。調査から完成に至るまでの6年間は苦悩の連続であった。土浦邸を文化財として後世に遺したいという前所有者の強い意思、そして設計・施工・歴史保存等、各分野を専門とする仲間たちや研究室の同僚・学生等、関係者全員の想いがここまで導いてくれた。

建築家の自邸故に、ほぼオリジナルの意匠が維持されてきたことは、保存・再生において大きなことであった。カラー写真が存在しなかった時代の建築の再現は、100％確信がもてるものではないが、そうした難題と向き合う最中、土浦邸が私たちに何かを語りかけているように感じたことは一度や二度ではない。これはこの住宅建築を土浦夫妻や中村氏が愛し、オリジナルに近い形で住み続けてきた長い年月がそうさせたのかもしれない。

2024年9月より、ピーオーリアルエステート社は、住宅遺産トラストの協力を得て、文化財である土浦邸の一般公開をスタートした。

工事を終えた土浦邸に入った時、私は昭和初期へとタイムスリップしたような、不思議な感覚の混乱に襲われた。今は21世紀なのか、それとも20世紀初頭なのか…。

今後、メンテナンスが適切に行われれば、次は100年後に大規模改修がなされるであろう。その時、未来の人々に土浦邸が語りかける言葉を聞いてみたい。

Preservation, Restoration and Relocation of the Tsuchiura House:

A Showa-era House Built Today, or Did We Slip Back in Time?

Koichi Yasuda (Architect)

The Birth of the Tsuchiura House and the Background for This Preservation, Restoration and Relocation Project

The Tsuchiura House, architects Kameki and Nobuko Tsuchiura's own home, is a modernist drywall-construction residence built in 1935 in Kamiosaki, Shinagawa Ward, Tokyo. It is a rare example of a house that has been preserved in its original condition, because the designer himself lived in it for a long period of time. Designated as a Tangible Cultural Property (structures) by the Tokyo Metropolitan Government in 1995, and selected as one of the first 20 buildings selected for DOCOMOMO Japan's list of important modernist structures in 1999, the house is a highly acclaimed small urban house in the international style, one of the iconic examples in the history of Showa-era housing.
Kameki passed away in 1996, followed by his wife Nobuko in 1998, and their longtime secretary, Tsuneko Nakamura, who had lived with the couple for many years, inherited the property and took up residence.
As Ms. Nakamura got older, the Heritage Houses Trust, a nonprofit organization that works to preserve masterpieces of residential architecture for future generations, began to support the search for a successor to the Tsuchiura House in 2016 and at the end of 2017, a person decided to purchase it for the purpose of its preservation. At that time, this person inherited not only the building but also the Tsuchiura couple's belongings from Ms. Nakamura.
The owner then asked me to oversee the renovation needed to preserve the house. At the owner's recommendation, my colleague Taisuke Yamazaki and I met in the summer of 2018 with Professor Terunobu Fujimori and exchanged information about the house with him.
After these events, I was assigned to create the preservation design for the house, and Professor Yamazaki was assigned to lead the historical research. Masayuki later joined the historical research team.
In the fall of the same year, Kitada Akihiro and other members of Yasuda Atelier, as well as Toru Nagamuma and other members of Yasuda Lab at Tokyo Institute of Technology, began a building survey and actual measurements in Kamiosaki, Shinagawa Ward, and discussions began on how to preserve the house.
In September 2020, the Tokyo Metropolitan Board of Education approved our plan to make needed changes to the Tsuchiura House and to relocate it, and in April 2021, a detailed survey for disassembling it began. Two years later, at the end of February 2023, the disassembling work was completed. In September of the same year, construction of the concrete frame and wood frame began on the site of the POLA Aoyama Building in Minami-Aoyama, Minato Ward, Tokyo. In February 2024, interior and exterior finishing work was completed. The restoration and relocation was completed at the end of April of the same year, when curtains, furniture, and other items that had once belonged to the Tsuchiuras were also brought in. In July 2024, immediately after the reconstruction at the new site, the owner donated the house and the Tsuchiuras' belongings to P.O. Real Estate.

Spatial Composition Influenced by Wright and Eastern European Modernists

The Tsuchiura House, built in the early Showa era (1926-1989), had the characteristics of urban housing that are still relevant today: a white box-shaped façade, a functional layout plan centering on the living room and dining room, a three-dimensional spatial configuration with a double-height living room and skip floors, experimental air conditioning using a ceiling panel heating system, and a system kitchen designed for ease of operation.

In the early 1920s, young Kameki Tsuchiura and his wife Nobuko, who was to become Japan's first female architect, trained at the studio of Frank Lloyd Wright in the United States. Looking at the skip floors behind the central entrance of the Imperial Hotel, which was designed by Wright and is now relocated and preserved in Meiji Mura, an open-air museum of buildings from the Meiji era, it seems that Wright's spatial philosophy had no small influence on the spatial composition of the Tsuchiura House. At the same time, Tsuchiura also learned much from Richard Neutra and Rudolf Schindler, architects from Eastern Europe whom he met in the States, and his later collaboration with Czech architect Bedrich Feuerstein suggests that he was also heavily influenced by modernism in Eastern Europe. Thus, while learning firsthand from the most advanced modernism of the time in the States and Europe, Tsuchiura aimed to create a prototype of a small urban house made of wood that could be built by ordinary Japanese people, and he began to experiment with it in his own residence.

Four Policies of Preservation and Restoration as a Cultural Property

The Tsuchiura House Preservation Project began in June 2018. While conducting on-site measurements and surveys, with the owner, we met with Tsuneko Nakamura, members of the Heritage Houses Trust, and others who had been working to preserve the house —Fumihiko Maki, Nobuko Ogawa, Makoto Ueda, Atsuko Tanaka, Yasunori Tsumura, members of the Tokyo Metropolitan Board of Education, and curators of the Edo-Tokyo Museum—to gather as much information as possible regarding the preservation of the house. Thereafter, together with Professor Taisuke Yamazaki, we established the following four major policies for the preservation and restoration of the Tsuchiura House as a cultural property.

1. To give full consideration to authenticity and integrity as a cultural property.
2. To propose a plan that considers sustainability with a view to permanent preservation, while taking into account a healthy preservation and restoration environment and management system.
3. To employ today's technology for air conditioning, ventilation, electricity, lighting, and water supply and drainage systems to provide sufficient performance in terms of earthquake resistance, waterproofing, and thermal insulation to the extent that it does not interfere with the preservation of the value of the cultural property.
4. Responding to the strong desire of the client, the current owner, we aim to open to the public the materials and furniture left behind by the Tsuchiuras, together with the Tsuchiura House.

Conditions Revealed by the Survey and the Possibility of Relocation

We examined the design drawings left behind by Mr. and Mrs. Tsuchiura, and although some photocopies of the drawings and the application for construction confirmation were found to be in existence, unfortunately the original drawings could not be found. Therefore, we referred to the dimensions of the column placement in the photocopied drawings, examined the photographs and the magazines and literature that had documented the completion of the building at the time. In addition, by conducting an on-site survey by partially removing walls and ceilings, we were able to create measurements of the current condition of the building as well as drawings of the building as it was when completed in 1935.

The following is a description of the condition of the Tsuchiura House as revealed by the partial disassembling survey. First, it was found that the wooden frame of the building had been damaged by water leakage and termites over the years, and had undergone two major repairs, as well as an extension and a removal of the extension, in the past. Some columns and beams were no longer seated on the foundation: in the living room, the column in the southeast corner and the beam on the east side had been reinforced with forcibly added supporting columns and beams. The kitchen floor, gallery floor on the mezzanine, and large beams and joists under the floor on the east side of the second floor bedroom were also in an advanced state of decay, making it dangerous for people to stand on the floors.

The interior walls and ceilings were made of Tex panels, a vegetable fiber material, and it became clear that most of the finishing materials could not be reused due to termite damage as well as repeated moisture absorption and drying. Furthermore, as for the insulation materials, some of the original rice husks that had been used remained in the ceiling pocket of the second-floor study, but those inside the exterior walls had almost completely fallen out and been scattered on the foundation.

Based on this survey, I discussed specific preservation methods for the building with Professor Yamazaki, structural engineer Yoshiharu Kanebako, and others involved in this project. As a result, it was determined that in order to maintain the building in a sound condition as a cultural property over the long term, it would be necessary to disassemble the entire Tsuchiura House, from the wooden framework and roof structure to the finishes, and to take each component to a factory to check the health of the individual pieces. The original post and beam members were to be preserved as much as possible, but rotten members were to be replaced with new materials for reinforcing the house. As for the exterior walls, the asbestos slate panels from the original construction had already been replaced with vertical paneling.

The decision to disassemble the building, inspect all of its components, repair them, and reassemble them opened the door to the possibility of relocating the building to another site for reconstruction.

Deciding on the Restoration Policy

When restoring a building to its original state for the purpose of preservation as a cultural property, the basic rule in Japan has been to restore the building to its state at the time of its designation as a cultural property, which in the case of the Tsuchiura House was 1995, the year it was designated as a tangible cultural property by the Tokyo Metropolitan Government. However, we proposed to preserve it by restoring it to its original state upon completion in 1935. For this reason, the studio and maid's room, which were added in 1938, three years after the building was constructed, were also removed, and the floor plan and elevation were restored to their original state in 1935. The garage was also removed in accordance with the policy of keeping the restoration to the minimum necessary. Furthermore, it was decided to restore the finishing materials and paint colors, which had been changed many times over the years, to their original 1935 state.

Restoring a building to its original state is a method uncommon to Japanese cultural property conservation, which mainly focuses on shrines and temples. However, there are already many examples of modern architectural conservation in Europe and the United States, and Professor Hiroyasu Fujioka, an architectural historian, suggested that the Villa Tugendhat, designed by Mies van der Rohe and completed in 1930 in Brno, Czech Republic, could be a good reference. We visited the villa with Professor Fujioka and several students and could see that the villa, which had been devastated by World War II, had been successfully restored to its original state.

Background of the Decision of the Relocation Policy

Kameki Tsuchiura also designed the land-division plan in the Kamiosaki Chojamaru district of Shinagawa Ward, where the Tsuchiura House was built. Under the plan, the land sloping down to the Yamanote Line on the west side was divided into four residential lots. The house of landowner Noboru Takeuchi, facing the main road on the east side, occupied almost the entire frontage. The other three houses were approached from the gate at the southern end of the land through a zigzag path. Three of the four houses were designed by Tsuchiura, and the district was reminiscent of a *Siedlung* in Germany. One can imagine how shocking it must have been to see the white cubes of housing that suddenly appeared in the midst of Japanese-style houses in the early Showa period.

At the time of our survey, the three other houses were no longer in the Chojamaru area, and the lots around the site had been subdivided into smaller lots and filled with condominiums. The district's environment had already undergone a drastic change from that of when the house was first built, and there was no longer a strong reason to retain it as a cultural property in this location. Rather, assuming that the house would be opened to the public as a cultural asset, we thought that consideration for the residents of this quiet residential area should be a priority.

The client also believed that it would be difficult for an individual to preserve the Tsuchiura House in a healthy manner over a long period of time, and that it would be preferable for a company with an understanding of architectural culture and a lasting commitment to the future of the building to take charge of its preservation. In the midst of this situation, it was discovered that the site behind the POLA Aoyama Building (2024), which the POLA ORBIS Group, which has a deep understanding of the preservation of architectural cultural assets, had planned to build in Minami Aoyama, Minato Ward, was coincidentally almost the same height difference (1.3 m) between the road surface and the first floor of the house. It soon emerged as the relocation site for the house. At the end of 2019, P.O. Real Estate, the owner of the POLA Aoyama Building, formally gave its consent for the relocation of the house. In September 2020, the Tokyo Metropolitan Board of Education granted permission for the restoration and relocation of the house in response to these preservation policies.

Discoveries during the Post-Disassembling Survey and Reconstruction

The interior and exterior materials of the Tsuchiura House were gradually removed in preparation for disassembling work, but many things were revealed only after the finishing materials were completely removed. There were several places where columns had been cut out or added as a stopgap measure at the time of the building's construction. The work must have been very difficult for the carpenters of the early Showa era, who were building Japanese-style buildings, because there was no relief in the finish and structure.

In order to apply the 2 x 3 *shaku* (60.6 x 90.9 cm) module, which is a characteristic of the Tsuchiura House, both to the interior and exterior, some columns were found to deviate from the 6 shaku (181.8 cm) grid of the structure. The disassembling work also revealed that the columns on the west side of the living room's large opening had been set off by one column, and that the upper two large beams that span 2 *ken* (363.6 cm) had been bolted to the side faces of the displaced columns. This was done in order to make the opening a perfect 9 *shaku* (272.7 cm) in width, and it was a rather forced fitting that gave priority to the design.

The wooden frame was made of the kind of members that Japanese carpenters normally used in conventional construction methods, but it was found that 49 joints between members had been firmly fastened with reinforcing hardware made of bent steel plates of 5 to 6 mm thick. It was also discovered that a suspension bolt was placed in the center of the frame of the large opening in the living room. There is no doubt that these metal fittings contributed to the improvement of earthquake resistance.

There were also some findings in the foundations. A 2-meter-long concrete pile-like member was excavated from the bottom of a column in the middle of the plan, a part of the strip foundations. It can be assumed that the pile was probably driven into the embankment as the original land sloped from east to west, toward the valley where the Yamanote Line was running.

Furthermore, when the underground structure was dismantled, a thick brick wall was found between the foundation of the bathroom and lavatory and the wainscot. Then it was discovered that the foundations of a warehouse originally owned by the neighboring Takeuchi family had been used as the Tsuchiura House's foundation for the bathroom and lavatory. Tsuchiura did design the house on the condition that the brick foundation would be maintained.

Preservation and Restoration Work on the New Site in Minami Aoyama

After the disassembling of the Tsuchiura House was completed in Kamiosaki, Shinagawa Ward, a new underground concrete frame for the relocated building was constructed on the basement slab of the POLA Aoyama Building in Minami-Aoyama, Minato Ward in the fall of 2023. After the concrete reached a certain level of strength, reconstruction of the wooden frame began in October.

The house's wooden frame had earthquake-resistant elements such as wooden laths under the exterior walls and irregularly placed bracings, but its earthquake-resistant performance was not up to the level of the current regulations set forth by the Building Standards Law. In order to meet the requirements, it was necessary to reinforce the floor on the second level, the roof, perimeter walls, and some interior walls with structural plywood, steel plates, and other materials fixed to the columns and beams within the original wall thickness so that the reinforcement work did not compromise the original design. In addition, the original reinforcing hardware was reinstalled in the same locations, and modern reinforcing hardware was added as needed. Researchers in the distant future will find this coexistence of old and new hardware.

Reproduction of Interior Materials, Environmental Performance, and the Preservation of Their Value as a Cultural Property

It was difficult to determine with what degree of exactitude the restoration should be done,. For one thing, the existing building was old and outdated, and for another, the level of precision of the original construction was not as high as it is today. However, there were cases where the existing components could not be fit when trying to achieve accurate horizontal and vertical alignment during the reconstruction. For example, the staircase from the living room to the gallery did not fit perfectly with the vertical 2-shaku module. Similarly, some wall panels had dimensions that did not fit snugly. On site, millimeter-by-millimeter adjustments were repeatedly made in pursuit of the ideal dimensions.

For the exterior walls, we respected the design of the original asbestos slate panels with grid joints, and reproduced the exterior wall panel grid using a drywall construction method, as intended by Kameki Tsuchiura. In addition, a waterproof membrane (asphalt-based sheet) was applied to the structural plywood base to enhance earthquake resistance, waterproofing, and thermal insulation performance. To prevent the exterior flexible panels from cracking, screws were used in loose holes, and the sealant joints were set back so that the joints could be seen. Tex, a feature of the interior, was made of insulation board (plant fiber material) that looks similar and is currently available. As for the insulation, the exterior walls were filled with rice husks at the time of construction, but this was changed to the insertion of high-performance insulation material between the columns.

Restoration of Doors and Windows, Hardware, Stairs, Furniture, Wall Storage and Curtain Blinds

The stairs, doors, windows and other interior components were disassembled and relocated in an integrated condition to the extent possible. Existing furniture and fixtures, such as a built-in sofa, bedroom vanity, and stools, were repaired. The wall storage unit was adjusted and re-painted to preserve it. Regarding tables, chairs, lighting fixtures, etc., existing items were repaired and repainted to restore them, and missing items were newly made. For curtains and carpets, the shapes and sizes of fabric patterns (stripes) were determined from black-and-white photographs taken at the time of the building's construction. The colors were determined by selecting threads to make sample fabrics, based on descriptions in magazines, and the color tone was identified by examining the contrast with the nearby components in the photographs. The client made the final decisions about them. The shapes and colors of the blinds were also determined based on photographs and a detailed study of catalogs from the early Showa era. In consideration of their weight, they were motorized for safety.

Introducing Today's Technology for Equipment

The original machinery and equipment were excluded from the scope of the preservation and a new air-conditioning system was installed, since the central air-conditioning system using coal boilers and radiant ceiling heating were not in keeping with the modern age. The air-conditioning system prioritizes design, with air outlets and inlets installed in the floors, walls, ceilings, and baseboards. The radiant heating pipes from the original construction were preserved as an exhibit in the ceiling of the living room. It was confirmed at the time of dissembling that there had been difficulties in finding vertical piping routes in the original construction, and in the renovation work, it was also a great challenge to find piping routes for the electrical and HVAC equipment.
The water supply and drainage systems were basically newly installed. Faucet fittings from the original construction that could continue to be used were used. Although the kitchen sink faucet and the bathroom's shower faucet were not the one from the original construction, we decided to keep them.

The electrical system was completely renewed. Existing light fixtures such as the living room floor lamp and the vanity near the window in the bedroom were repaired, and lighting fixtures that had been lost were newly manufactured according to dimensions calculated from photographs.
To assure the safety of this cultural property, security equipment such as security cameras were newly installed, and for these parts, products whose design clearly tell that they are today's items were used.

Architectural Heritage for Future Generations

In February 2024, the construction and machinery and equipment work in Minami-Aoyama, Minato Ward were completed, and at the end of April, the restoration and relocation work, including furniture and curtains, was completed. Thus, the Nobuko and Kameki Tsuchiura House was reborn as it was constructed almost 90 years ago. The six years from the survey to restoration were a series of agonizing experiences. The strong will of the owner to bequeath the house as a cultural property to future generations, and the desire of everyone involved, including colleagues specializing in various fields such as design, construction, and historical preservation, as well as colleagues and students in my laboratory, led us to this point.
The house's original designs and details had been well maintained from its construction, as it was the architect's own residence, and this meant a lot in preserving and restoring it. Although we cannot be 100% certain that we accurately reproduced the architecture of an era when color photographs did not exist, we felt more than once that the house was speaking to us while we were facing these challenges. This is probably thanks to the fact that Mr. and Mrs. Tsuchiura and Ms. Nakamura loved this house and continued to live in it for many years after it was originally constructed.
When I entered the Tsuchiura House after reconstruction, I was struck by a strange sense of confusion, as if I had slipped back in time to the early Showa era. I wondered if it was really the 21st century or the early 20th century…
If maintenance is properly carried out in the future, the next large-scale renovation will probably take place in 100 years. I would like to hear what the Tsuchiura House has to say to the people of the future at that time.

長者丸地区のコミュニティ

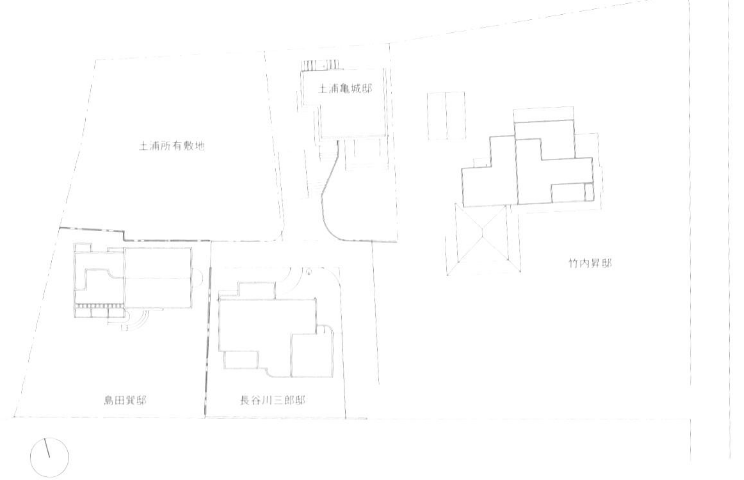

長者丸地区の配置図　縮尺1/800

土浦亀城邸（第二）が竣工した当時、土浦邸の周囲には3軒の住宅が建てられており、土浦邸を含めた4軒でひとつのコミュニティ（住宅群）を形成していた。このコミュニティの始まりは、そのうちの1軒である「竹内昇邸」の改築（1931年／昭和6年）を土浦が手掛けたことが契機であった。その後、「竹内邸」の周辺の土地を分割して土浦邸（第二）、画家の「長谷川三郎邸」、朝日新聞記者の「島田巽邸」が建てられた。「長谷川邸」は土浦が、「島田邸」は斎藤寅郎が設計している。これらの住宅は、いずれも当時では珍しいモダニズム建築であり、長者丸地区は、コミュニティとして新しい生活様式を描いていたと考えられる。

左：島田巽邸／中：長谷川三郎邸／右：竹内昇邸

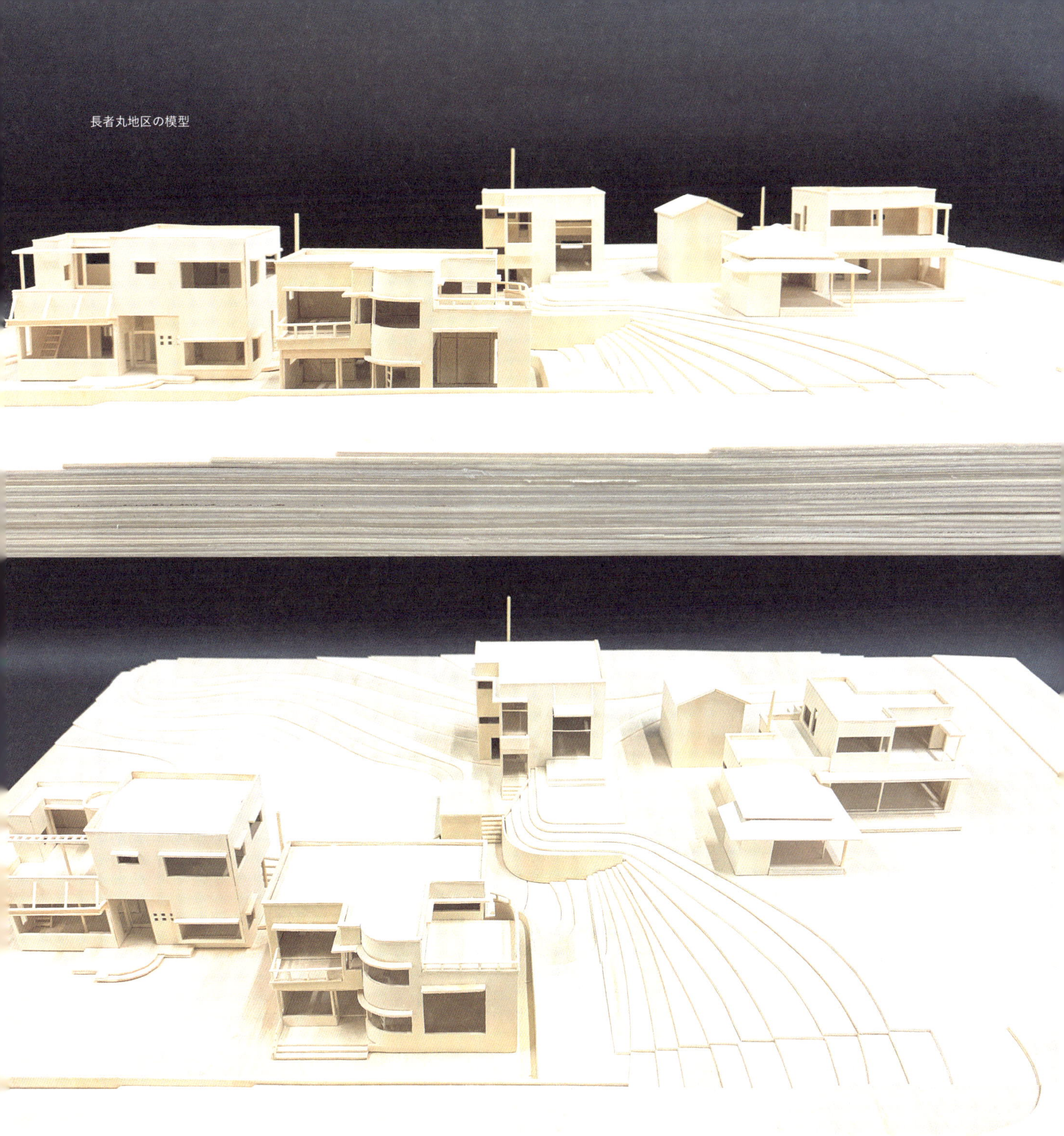
長者丸地区の模型

土浦城邸と
土浦亀城・信子夫妻

KAMEKI AND NOBUKO
TSUCHIURA
AND
THE TSUCHIURA HOUSE

土浦亀城邸再訪

岸和郎（建築家）

1975年（昭和50年）4月、私は大学院修士課程の建築史研究室に入った。学部で建築設計の道を志していた私が、「大学院では歴史を学びたい。建築史を学ばなければ最新の建築デザインについていけないのではないか」と考えるようになったのは、ある出会いがきっかけである。それはロバート・ヴェンチューリによる『建築の複合と対立』という、当時最新の建築論が記された書籍である。その本にはミース・ファン・デル・ローエの有名な言葉、"Less is more"（より少ないことは、より美しい）に対して、"Less is bore"（より少ないことは、より退屈である）と書かれており、ミースが否定されていることに驚愕すると共に、「モダニズム」の次の時代が始まっているのだと感じた。また、現代建築の理論書である本書にルネサンスの建築、例えばミケランジェロが参照されていることにも驚いた。そして「この本を理解して、これからの新しい建築を設計するためには建築史を勉強しなければいけない」と考えたのである。こうして私はモダニズム以降を見つけるために建築史の勉強を始めた訳だが、過去の建築と向き合っていく中で逆にモダニズム建築に惹かれていき、気がつくとその魅力にすっかり魅了されることになる。建築史研究室では、図書館の書庫で時間を過ごしている時が一番幸せだった。その中でルネサンス建築に関わるアンドレーア・パッラーディオの図集やジェームズ・S・アッカーマンの著作を読んだりもしたが、同時に1920年代のフランスの建築雑誌でアンドレ・リュルサと出会ったり、ル・コルビュジエ創刊の雑誌『エスプリ・ヌーボー』の表紙に武田五一の所蔵印を見つけたり、さらにクレイグ・エルウッドやピエール・コーニッグら、1950～60年代の米国西海岸におけるケース・スタディ・ハウスにも出会った。こうした中で、昭和初期の『国際建築』や『新建築』に掲載されていた土浦亀城の作品を知ることになる。戦前の日本に花開いた未来を感じさせる明るい「白い建築」、「日本のインターナショナル・スタイル」と私の初めての出会いは、武田五一設計の建築本館の半地下、昼でもほの暗い書庫だった。

土浦亀城の作品になぜ惹かれたのか。それはまず近代建築にとって重要な抽象性の表現、例えば「白い抽象的な面」をどのように実現するのかという問いに対する解答、それも日本的な文脈の中での解答があったからである。コルビュジエの「白の時代」の作品は、構造は鉄筋コンクリートであっても、その白い壁面は煉瓦積みの上にプラスターを左官仕上げにしたものだった。しかしこの仕上げは、昭和初期の日本の在来木造住宅においては現実的ではない。ここで土浦亀城はバウハウス流のトロッケン・モンタージュ・バウ、つまり乾式組立工法の考え方を木造と組み合わせ、外壁を2尺×3尺のボード仕上げとした。この結果、土浦亀城の住宅建築は、2:3のプロポーションの横長グリッドが支配することになる。

岸氏の手によるアクソメ。
「土浦邸」（第二／左）及び
「土浦邸」（第一／右上）と
「俵氏邸」（右下）

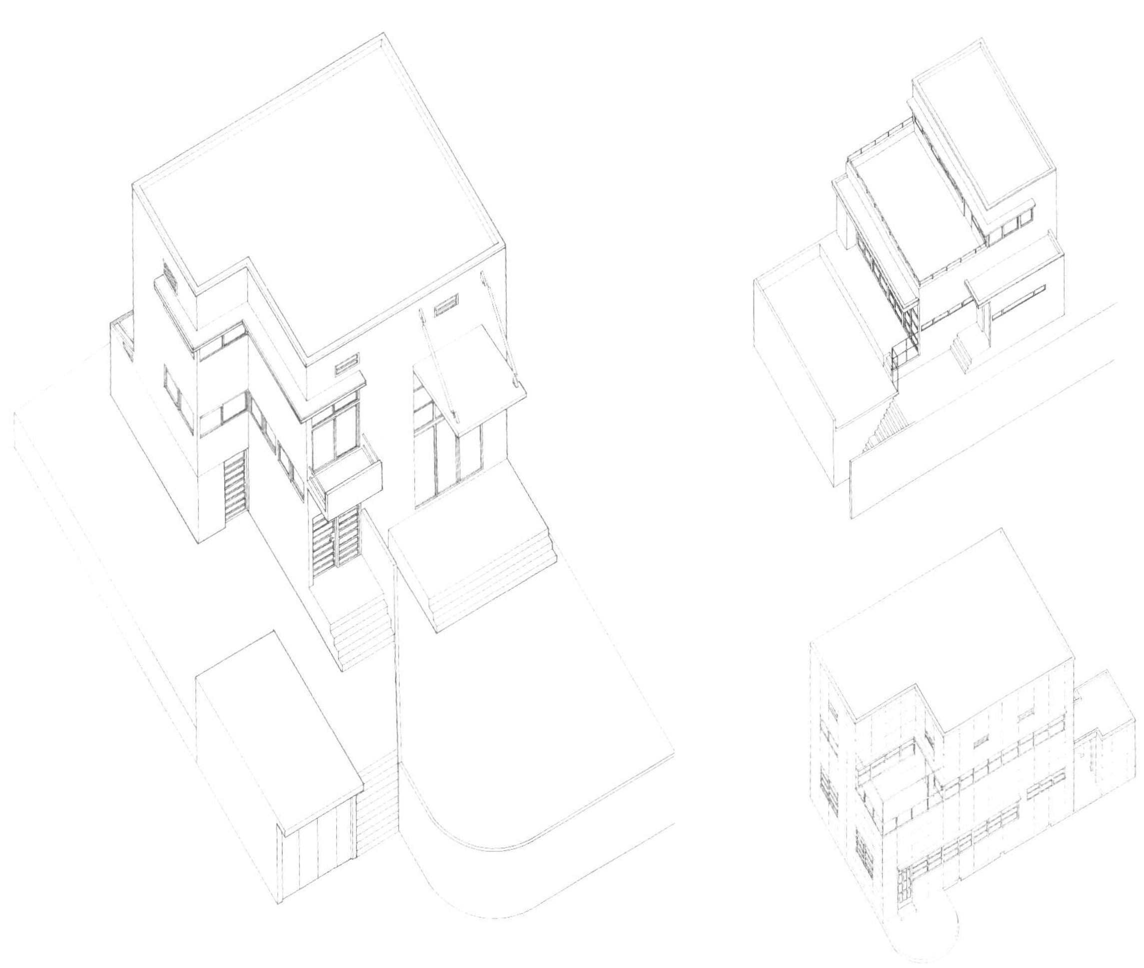

これが土浦亀城邸の第一の特徴である。このグリッドが主役になったプロジェクトは、土浦邸以外にもグリッド表現そのものが主役の「俵氏邸」(1932 年)がある。土浦邸でも今回の復原でこれまでは竪板羽目張りに変更されていた外壁が竣工時と同じ割り付けでのパネル割りに再現されているので、グリッドの意味をあらためて読むことができるようになった。
土浦亀城の作品が同時代の海外のインターナショナルスタイルと異なっていたのは、このグリッドが壁面に現れるという点であるが、そうなると抽象的な幾何学立体表面にグリッドを露わにする意味を考えざるを得ない。軸組構造である以上、出隅や入隅で通り芯のグリッドと外壁のグリッドはずれが生じる。外壁グリッドは、建築的構成理念と現実の建築技術の折り合いという、大きな問題に対する挑戦であった。
土浦亀城の手法は、実はルネサンス期の建築家であるフィリッポ・ブルネレスキの「サン・スピリト教会」(1434 年～1436 年頃)の外壁入隅の納まりと同じである。これは建築が具体的な事物でありながらも抽象性を志向した時、時代を超えて建築が抱えざるを得ない矛盾でもある。

土浦邸の第二の特徴。それは土浦亀城の仕事でも、この自邸において最も顕著に現れている「立体的な内部空間」である。一見すると正面左入隅の水平連続窓の存在がコルビュジエのドミノに外壁を貼り付けた構成を思わせるが、実は内部空間はスプリットレベルの構成になっており、言ってみればふたつのドミノを合体させたようにも読める。
この「立体的な内部空間」とも関係しているのが、第三の特徴である「敷地形状を含めたランドスケープと建築の関係」である。ちなみにこの土浦邸(第二)の前に土浦夫妻が住んでいた土浦邸(第一)は、敷地形状に合わせて建物もセットバックする「階段状」の構成であった。一方、この土浦邸(第二)では、正面左側からの段状敷地を掻き取りながら上昇していくアプローチを、敷地と建築を合わせた形態にまで昇華し、そこに表現される「斜方向性」は外部空間だけではなく内部空間の構成にまで連続するという、建築の内外を貫通するロジックを読み取ることができる。都市街路から引き込んだアプローチから始まり、段状敷地という外部空間から建築の内部空間まで含めて、一連の連続する空間の流れとして建築形態を決定していること。それと同時に、日本の環境対応に必要な庇形状や新しい暖房の試みなど、建築の抽象性を確保するための技術的挑戦も行われていること。このような「建築家が設計することの意味」を、私に総合的に教えてくれたのがこの土浦邸であり、土浦亀城の仕事であった。
結局、私の大学院時代の修士論文は、こうした土浦亀城の作品の形態分析をまとめたものとなった。これには当時出会ったピーター・アイゼンマンのコンセプチュアル・アーキテクチュア論やジョゼッペ・テラーニの「カサ・ジュリアーニ・フリジェリオ」(1939 ～ 40 年)を分析した論文が大いに役立った。大学院に入る時に考えていたミケランジェロやブルネレスキとの回合が、土浦亀城とアイゼンマンに替わってしまったわけである。

この修士論文を書いた 16 年後の 1994 年(平成 6 年)11 月、私はようやく土浦邸を訪ねることができ、土浦亀城先生ともお話する機会を得た。
当時、既にバブル経済は弾けており、『建築の複合と対立』から始まったポストモダニズムも記憶の彼方となり、レイトモダニズムという言葉が出てきた頃であった。それはまた、「ポスト」が通り過ぎ「レイト」となっても「モダニズム」から離れられなかった時代だったとも言える。そしてそれからさらに 30 年が過ぎた 21 世紀の現在も、私たちは依然として「モダニズム」と縁の切れない時代を生きている。絶えず変化を続けてきた 1 世紀近い時代相の中で、いやむしろ変化を続ける時代であったからこそ、今、1935 年竣工の土浦邸はその輝きをさらに増しているように思えるのだ。

Revisiting the Tsuchiura House

Waro Kishi (Architect)

In April 1975, I enrolled in the History of Architecture Research Laboratory master's program at Kyoto University. Although I had wanted to pursue architectural design as an undergraduate, I began to think, "I want to study history in graduate school. I won't be able to keep up with the latest architectural design without learning architectural history." This was thanks to a happy encounter with a book—*Complexity and Contradiction in Architecture* by Robert Venturi (1966), a book on the architectural theory of the time. While Mies van der Rohe famously said, "Less is more," the author writes, "less is bore." I was astonished to find that Mies was rejected, and I felt that the next era after modernism had already begun. I was also surprised that the author referred to Renaissance architecture, such as Michelangelo, in a book on the theory of contemporary architecture. Then I thought, "I must study architectural history in order to understand this book and design new architecture in the future." Thus, I began to study architectural history in order to discover what would come after modernism. But as I delved into the architecture of the past, I was conversely drawn to modernist architecture, and before I knew it, I was completely fascinated by its appeal.

As a student in the architectural history laboratory, I was happiest when spending time in the library's stacks. While I looked at Andrea Palladio's drawings and read James S. Ackerman's writings on Renaissance architecture, I learned about André Lurçat in a French architectural magazine from the 1920s, and found Goichi Takeda's ownership stamp on the cover of *L'Esprit Nouveau*, a magazine published by Le Corbusier. I also learned about the Case Study Houses designed by Craig Ellwood, Pierre Koenig, and other designers on the West Coast of the United States in the 1950s and 1960s. In those days, I also came to know about Kameki Tsuchiura's works, published in *Kokusai Kenchiku* and *Shinkenchiku* in the early Showa era (1926-1989). My first encounter with the bright "white architecture" and "Japanese international style," which reflected a sense of the future that blossomed in prewar Japan, was in the library in the half-basement of the architecture department's main building, designed by Goichi Takeda, where the stacks were dimly lit even in the daytime.

Why was I attracted to Kameki Tsuchiura's designs? First of all, it was because of the expression of abstraction, which is important for modern architecture—for example, a solution to the question of how to realize an "abstract white surface," which was also rendered in a Japanese context. In Corbusier's "White Age" buildings, even though their structures were of reinforced concrete, their white surfaces were from plaster finish over brickwork. This finish, however, was not realistic for a conventional Japanese wooden house in the early Showa era, or in the 1920s and 30s. So Tsuchiura combined the Bauhaus-style *Trocken Montagebau* (prefabricated drywall construction) with Japan's wood construction, and finished the exterior walls with boards of 2 x 3 *shaku* (60 x 90 cm). As a result, a horizontal grid of 2:3 proportion dominates homes designed by Tsuchiura. This is the first feature of the Tsuchiura House. The Tawara Residence (1932) is another project by Tsuchiura in which the grid expression itself played a leading role. In the restoration of the Tsuchiura House, the exterior walls, which had previously been replaced with siding boards, have been reproduced in the same panel grid layout as when the building was completed, allowing us to interpret the meaning of the grid anew.

What differentiates Tsuchiura's works from the international-style architecture of his contemporaries overseas is that this grid is visible on the wall surface, which makes us consider the meaning of exposing the grid of an abstract geometric structure. Because the structure had a wooden framework, the grid of the base lines and the grid of the exterior wall panels did not fit at the inner and outer corners. Tsuchiura's design of the exterior wall grid was a challenge to the major problem of reconciling a principle of architectural composition and actual construction technology.

Tsuchiura's method is actually the same as that used by Renaissance architect Filippo Brunelleschi when constructing the Basilica di Santo Spirito (c. 1434-1436), in which the inner corners of the exterior walls were designed the same way. This is a contradiction that an architectural work in any age has to deal with when it aspires to present abstraction even though the building itself is a concrete object.

The second feature of the Tsuchiura House is the three-dimensional interior space that is most evident in this house for his own family among his works. At first glance, the horizontal ribbon window in the left inside corner of the front façade reminds one of the typical Corbusier design of the Dom-Ino system, with exterior walls attached. In fact, however, the house's interior space has a split-level composition, which can be interpreted as a space created by merging two Dom-Ino structures.

Related to this three-dimensional interior space is the third feature, the relationship between landscape and architecture, including the shape of the site. Incidentally, the first Tsuchiura House, where the Tsuchiura couple lived before building this second residence, had a stepped configuration, with the building set back to match the site shape. The second Tsuchiura House is approached via stairs, which look as if they were created by carving out the terraced land at the left side of the front elevation, sublimating it into a form that merges the site and the architecture. The obliqueness expressed in this form is continuous not only through the exterior space but also through the composition of the interior space, which allows us to read a logic that runs throughout the inside and outside of the building. Starting with the approach from the urban street, the architectural form was determined as a series of continuous spatial flows, including the exterior space of the terraced site and the building's interior space. At the same time, the architect has taken on technical challenges to ensure the abstraction of the architecture, such as shaping the eaves to respond to the Japanese climate and the attempt to create a new heating system. It was the Tsuchiura House and the work of Kameki Tsuchiura that comprehensively taught me what it means for an architect to design a building.

In the end, in my master's thesis, I focused on morphological analyses of Kameki Tsuchiura's work. For this, I was greatly helped by reading Peter Eisenman's *Notes on Conceptual Architecture* and *Giuseppe Terragni: Transformations, Decompositions, Critiques*, which includes his take on Casa Giuliani-Frigerio (1939-40). I was planning to study Michelangelo and Brunelleschi when I enrolled in graduate school, but I focused on Kameki Tsuchiura and Peter Eisenman instead.

In November 1994, 16 years after writing my master's thesis, I was finally able to visit the Tsuchiura House and had a chance to talk with the architect himself.

At that time, the bubble economy had already burst, and postmodernism, which began with Venturi's *Complexity and Contradiction in Architecture* was now a distant memory, and the term "late modernism" was emerging. It was a time when "post-" had been replaced by "late," but even so, modernism could not be abandoned. Now, 30 years later, in the 21st century, we are still living in an era in which we are unable to break away from modernism. For nearly a century, architecture has evolved, and after a century of change, the Tsuchiura House, completed in 1935, seems more brilliant than ever.

土浦亀城邸及び亀城・信子夫妻に関わる年譜

A Chronological History of Kameki and Nobuko Tsuchiura and the Tsuchiura House

土浦亀城
Kameki Tsuchiura

土浦信子
Nobuko Tsuchiura

1897(明治30年)　土浦亀城、水戸で生まれる

Kameki Tsuchiura is born in Mito City, Ibaraki.

1900(明治33年)　吉野信子、仙台で生まれる

Nobuko Yoshino is born in Sendai City, Miyagi.

1916(大正5年)　亀城、旅順中学校卒業

Kameki graduates from the Lushun Middle School in Dalian, China, then under the control of the Japanese Empire.

1919(大正8年)　亀城、第一高等学校卒業
東京帝国大学建築学科入学
大学時代にフランク・ロイド・ライトが手掛けた「帝国ホテル」の現場に訪れ、働く
信子、女子高等師範学校附属高等女学校卒業
アテネ・フランセに通う

Kameki graduates from the First Higher School in Tokyo and enters the Tokyo Imperial University Department of Architecture.
Kameki visits the construction site of the Imperial Hotel, designed by Frank Lloyd Wright, and begins working part-time on the project.
Nobuko graduates from the Women's Higher Normal School, Girls' High School.
Nobuko enrolls in the Athénée Français to learn French.

1922(大正11年)　亀城、大学卒業。亀城と信子、結婚

Kameki graduates from college. Kameki and Nobuko are married.

1923(大正12年)　亀城と信子、渡米してロサンゼルスのフランク・ロイド・ライトのスタジオに勤務する

The Tsuchiuras move to Los Angeles, California to work at Frank Lloyd Wright's studio.

1924(大正13年)　ロサンゼルスのスタジオ閉鎖により、ウィスコンシン州のタリアセンに移る

After the Los Angeles studio is closed, the couple moves to Taliesin in Spring Green, Wisconsin.

1925(大正14年)　タリアセンを去り、シカゴの設計事務所で働く
車でシカゴからニューヨークを経て、サンフランシスコまで大陸を横断する

The Tsuchiuras leave Taliesin and work for an architectural firm in Chicago.
The couple drives from Chicago to New York, and makes a transcontinental trip to San Francisco.

1926(大正15年) サンフランシスコから船で帰国
亀城、大倉土木に勤務
帰国後の亀城は、大倉土木での仕事の傍ら、
個人で住宅の設計を行う
モダニズムに傾倒し、日本の中流階級のための
住宅の理想形を探るようになる
The Tsuchiuras return to Japan by ship. Kameki works for Okura Civil Engineering and is also commissioned to design houses as an independent architect.
He is immersed in modernism and starts to explore the ideal home for Japan's middle class.

1931(昭和6年) 五反田に土浦亀城邸(第一)が竣工
亀城、この時期から乾式工法を実践し始める
The first Tsuchiura House is completed in Gotanda, Shinagawa Ward, Tokyo. Around this time, Kameki starts to design houses using the drywall construction method.

1932(昭和7年) 竹内昇邸を改修したことを契機に、
長者丸地区の土地分割を担う
A remodeling project for the Noboru Takeuchi House leads Kameki to design the land-division plan in the Kamiosaki Chojamaru district in Shinagawa Ward.

1934(昭和9年) 亀城、大倉土木を辞め、土浦亀城建築事務所(以下、事務所)を開設
Kameki leaves Okura Civil Engineering and establishes Kameki Tsuchiura Architects and Associates.

1935(昭和10年) 品川区上大崎に土浦亀城邸(第二／以下、土浦邸)が竣工
The Tsuchiura House, the couple's second home, is completed in Kamiosaki, Shinagawa Ward.

1938(昭和13年) 土浦邸増築
An addition to the house is completed.

1939(昭和14年) 中国新京に事務所を開設
Kameki opens an office in Xinjing, the capital of Manchuria (present-day Changchun).

1943(昭和18年) 新京の事務所を閉鎖。東京の事務所を自邸に移す
鵠沼に疎開
Kameki closes the Xinjing office. His Tokyo office moves into the Tsuchiura House. The Tsuchiuras move to Kugenuna City, Kanagawa for safety.

1945(昭和20年) 事務所を自邸から八重洲に移す
The office moves to a building in Yaesu, Chuo Ward.

1969(昭和44年) 事務所を閉鎖
Kameki closes his office.

1971(昭和46年) 土浦邸減築
『都市住宅』1971年9月号にて植田実氏が土浦邸を取り上げ、再評価される契機となる
The 1938 addition on the Tsuchiura House is removed. Journalist Makoto Ueda publishes an article on the house in the September 1971 issue of *Toshi-Jutaku*, which leads to a reevaluation.

1995(平成7年) 東京都指定有形文化財
The house is designated as a Tangible Cultural Property of the Tokyo Metropolitan Government.

1996(平成8年) 土浦亀城、永眠(98歳)
Kameki dies at 98.

1998(平成10年) 土浦信子、永眠(98歳)
土浦邸は、元秘書の中村常子氏が住み継ぐ
Nobuko dies at 98. The house is bequeathed to Tsuneko Nakamura, the couple's secretary.

1999(平成11年) DOCOMOMO20選に選ばれる
The house is selected as one of the 20 Japanese buildings of outstanding universal value by DOCOMOMO Japan.

2013(平成25年) 外壁等を改修
The exterior wall and some other parts are repaired.

2017(平成29年) 中村氏が高齢のため、
新たな所有者に受け継がれることが決まる
Due to the Nakamura's advanced age, the ownership of the house is transferred to a new owner.

2018(平成30年) 保存・修理のための調査を開始
A survey for restoration and repair work is begun.

2024(令和6年) 港区南青山において復原・移築が完了
一般公開開始
The restoration and relocation of the house is completed in Minami Aoyama, Minato Ward. It is now open for reserved tours.

土浦亀城・信子夫妻について

田中厚子（建築史家）

左：東京帝国大学在学中の亀城（1920年頃）／右：吉野家の姉妹たち。中央が信子（1910年代半ば頃）

1935年（昭和10年）、現在の品川区上大崎に土浦亀城邸は竣工した。この住宅を設計し、生涯ここで暮らした土浦亀城・信子夫妻はどのような人生を送ったのだろうか。

土浦亀城と吉野信

土浦亀城は、1897年（明治30年）6月29日に土浦市松と母・光枝の長男として茨城県水戸に生まれた。父方の酒井家は水戸藩において地図の制作に携わった家系であり、祖父の酒井喜雄は地図製図技術を教える時習義塾の塾頭を務め、また歌人でもあった。祖父の弟・酒井捨彦の長男は、日本画家の横山大観であり、市松の従兄弟にあたる[*1]。

父の土浦市松は東京帝国大学を卒業後、水戸中学校の英語教師となり、続いて大阪高等工業学校、旅順工科学室（後の旅順工科大学）で教鞭を執った。そのため亀城は中学時代を旅順で過ごしている。宣教師たちと親しく接した一家の暮らしは洋風で、母はミシンで8人の子どもたちの服を縫い、七輪にのせるオーブンで洋菓子を焼いてくれたという。

上：土浦家の家族写真。中央が父・市松、後ろが亀城／下：吉野作造と家族。右から2人目が作造

亀城は旅順の中学を卒業後、第一高等学校（一高）から東京帝国大学に進学し建築を学んだ。在学中の1921年（大正10年）、先輩の遠藤新の紹介によりフランク・ロイド・ライトの「帝国ホテル」（1923年）の現場に行き、ライトの建築に魅了された。その現場でアルバイトしながら準備したという卒業設計「教会」（1922年）は、ライトの影響を濃厚に受けている。また亀城は、吉野作造の書斎を設計した遠藤の誘いで、吉野邸で行われていた勉強会に参加し、信子と出会う。大学卒業後に、吉野家の畑毛温泉学者村の別荘の設計を任された亀城は、敷地を案内した信子と親しくなり、1922年（大正11年）4月に結婚した。

吉野信（信子）は1900年（明治33年）9月22日、東京帝国大学法科大学教授であり大正デモクラシーの理論的な指導者として知られる吉野作造と阿部たまのの長女として誕生した[*2]。本郷の誠之小学校、女高師付属高等女学校を卒業した後、父の勧めによりアテネ・フランセでフランス語を学んだ。21歳の頃に土浦亀城と結婚、米国で建築を学びたいと思うようになっていた信子は、1923年（大正12年）4月に夫と共にロサンゼルスに渡った。

米国のライトのアトリエで

土浦夫妻が渡米した当時、ライトは西ハリウッドの2階建て住宅をアトリエ兼所員用住居としていた[*3]。ライトは別の場所に住んでおり、夫妻は所員のウイリアム・スミスとここで生活した。プロジェクトとしては、4件のコンクリート・ブロック住宅の設計施工、さらにドヘニー・ランチやタホ湖ボートハウスの計画案があった[*4]。スミスが雑務や現場監理を担当していたので、図面やパースを描くのは、主に亀城であったが、時には信子が下図や着彩を担当することもあった[*5]。信子はトレースから始めて、製図やパースの描き方をスミスに習い、さらに通信教育で建築設計・製図を2年間学んで、在米中に卒業証書を受け取った[*6]。

仕事や学びに励む傍ら、土浦夫妻とスミスは週末になると映画やコンサートに出かけた。さらに運転免許をとって、車で近郊の山にキャンプに行ったり、古いミッション跡を訪れたりした。また西ハリウッドの「ルドルフ・シンドラー自邸」(1921年)を訪問したこともあった。シンドラーの自邸について、後に亀城は「斬新な感じで感心した。平らな土間の上に建った家で、外とレベルが同じなんだ。土地から建物が生えているような感じ」と語っている[*7]。

1924年(大正13年)の早春、土浦夫妻とスミスはウイスコンシン州タリアセンに移り、そこで1年半余りを過ごした。しかし、当時のライトは「ナショナル生命保険会社ビル」、「ゴードン・ストロング自動車施設」などの計画案ばかりで、亀城は次第に実際の仕事がしたいと願うようになった。タリアセンで出会ったアントン・フェラーに宛てた手紙には、外の世界を見たいという正直な気持ちが記されている。亀城の楽しみはタリアセンの同僚のヴェルナー・モーザーや、リチャード・ノイトラと欧州の近代建築運動について語り合うことで、ライトの建築の装飾性には否定的になっていた。

1924年1月にライトがロサンゼルスのスタジオを閉めたのを機に、土浦夫妻はウィスコンシン州のタリアセンに移る。左からライト、亀城、ノイトラ、モーザー、信子(1924～1925年)

信子はアトリエで製図する以外に、ライトの浮世絵や古美術の整理を手伝っていた。ここで本物の写楽の浮世絵を見たこと、ライトが「この仏像はここに置くためにつくられた」と言ったことなどを後に語っている[*8]。日本で吉野作造と知り合いだったライトは、着物姿の信子を連れて出かけることを好み、髪を短く切った時は怒られたという。小柄だが大きな存在の信子を、ライトは「ビッグ・リトル・ノブ」と呼んだ。

そのような牧歌的で平穏なタリアセンの生活は、1925年(大正14年)4月の火災で中断した。バケツリレーで消火したが間に合わず、ライトの居室部分が焼失、土浦夫妻はその後の再建を手伝い、ようやく10月にタリアセンを辞してシカゴに移った。翌11月、車で大陸を横断する帰国の途につき、ニューヨーク、ワシントンDC、セントルイス、サンタフェ、グランドキャニオン、ロサンゼルスを経て、12月末に乗船港のあるサンフランシスコに着いた。

帰国後の活動と自邸の建設

1926年(大正15年)1月に日本に帰国するとすぐに亀城は大倉土木(現:大成建設)に就職した。吉野作造の勧めでお茶の水の文化アパートに住み、そこでベドジフ・フォイエルシュタインと知り合う。そして協同で地下鉄ビルヂングなどの設計競技に応募する中で、新しい建築のあり方を模索した。また亀城は大倉土木で「ソヴィエト大使館」(1930年)などを担当しながら、自宅では個人的に住宅を設計しており、信子はその手伝いをしていた。その中には土浦亀城邸(第一/1931年)など、信子との共同設計といえる住宅もある[*9]。

信子自身が設計した住宅としては、1929年(昭和4年)のアサヒグラフ主催『新時代の中小住宅』懸賞設計(銀賞入選)がある。その実物大モデルハウスは成城学園の『朝日住宅展覧会』敷地に、「朝日住宅7号型」として建設された。一戸建住宅における信子の主張は、1)無駄のないスペース利用、2)

1	2	3
4	5	6 / 7

1:米国に渡った1923年の写真。西ハリウッド到着の翌日、信子とライト事務所の同僚ウィリアム・スミス／2:カリフォルニアにあるスペイン統治時代の古い教会、「ミッション・サン・ワン・カピストラノ」を訪れた亀城(右)と信子(中)、スミス(左)／3:「ミラード邸」の建設現場に立つ信子／4:ロサンゼルス西ハリウッドのスタジオにおける食事風景。ウィリアム・スミス(右)と信子(中／1923年)／5:タリアセン滞在中の信子(1924～1925年)／6:大陸横断中の亀城。約40日間で7,000kmを走った(1925年)／7:日本へ帰国する土浦夫妻を、ロサンゼルスから見送りにきたノイトラ夫妻(1925年)

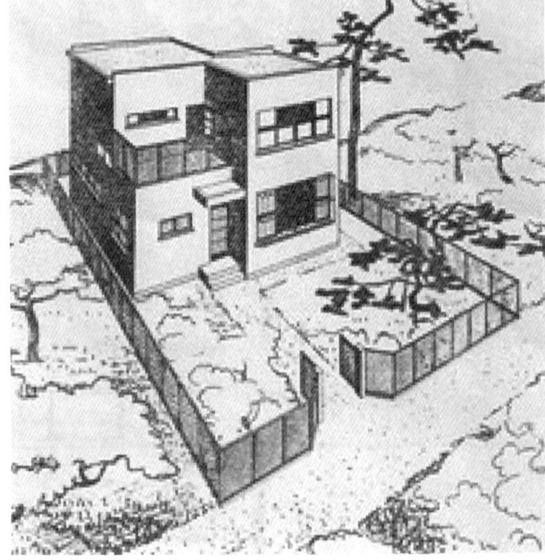

1:信子とフォイエルシュタイン（1920年代後半頃）／2:アサヒグラフ主催『新時代の中小住宅』懸賞設計、信子の入賞案／3:レディス・カメラ・クラブの仲間たち。信子は左から6番目（1937年頃）／4, 5:信子の個展会場での土浦夫妻。1950年代頃（4）と1980年代（5）

能率的な住まい方ができること、3）衛生的、4）防寒防暑の設備が完全であること、であった[*10]。

1935年の上大崎の自邸（土浦邸）は、敷地内にあった蔵の土台と斜面を合理的に利用して建てられた。ライトの「帝国ホテル」のような相互貫入する空間と、欧州発のモダニズム建築の機能性を併せもつ木造乾式構法のこの住宅は、幾何学的な国際様式の外観だが、雨の多い日本の風土を考慮して窓に小庇が付くなど地域性も備えている。この住宅も亀城と信子の共同設計である[*11]。当時の新聞記事には、「女建築家として躍進の一歩を踏み出す土浦のぶ子さんだ」「信子さんも立派な技師の一人として夫君と共に建築界に活躍する事になったのだ」と書かれている[*12]。当時、水洗トイレは非常に珍しく、近所の小学校の子どもたちが見学に来るほどだった。

自邸の建設と同じ頃、1934年（昭和9年）12月に亀城は土浦亀城建築事務所を設立した[*13]。信子も最初はインテリアを担当したが、1937年（昭和12年）以降は建築を離れ、写真家野島康三が主催したレディス・カメラ・クラブに参加するなど自身の創作活動に専念した。中国東北部の旅の写真集『熱河遺蹟』には、岸田日出刀や亀城の作品と共に、信子の作品も含まれている。

米国から帰国後の土浦夫妻（1926年頃）

自邸の増築と戦後の減築

土浦邸は、1938年（昭和13年）に土浦の母が同居することになり西側部分が増築された。地階には、増築部の玄関と6畳半の和室、小さな台所と階段、1階には、床の間のある9畳の和室と洗面所、2階には、書斎の延長として「モノオキ」と呼ぶ多目的な部屋がつくられた。もともと2畳だった女中室は、この増築で4畳ほどになり、ベッドだった場所には洗面台が設置された。

土浦夫妻が鵠沼に疎開していた戦時中、自邸は事務所として使用された。戦後、土浦邸が接収リストにあることを知った信子は、直接GHQ本部に談判し、かろうじて接収を免れたという。土浦の母の逝去後の1954年（昭和29年）頃、傷んだ土台や壁、屋根を全体的に修理し、外壁は竪板羽目張り、屋根は亜鉛鉄板になった。さらに1971年（昭和46年）頃、敷地の西側が売却され、建物の西端から1間半の部分が取り壊された。この時、室内はライトブルーやイエローといった明るい色調になり、2階の「モノオキ」は、戦後、油彩画を始めた信子のアトリエとして最後まで使われた。

土浦事務所の所員が亀城を「清廉潔癖」「ジェントルマン」「ダンディ」「先生自身がモダニズム」と評したように[*14]、亀城の生活スタイルは戦前から変わらず、1969年（昭和44年）に事務所を閉鎖してからも銀座の交詢社に通い、洋食を好み、クラシック音楽とゴルフを楽しみ、年明けは川奈ホテル、夏は軽井沢で過ごし、93歳まで車を運転した。信子は、1969年から1993年（平成5年）までに6回の絵の個展を開催、さらに抽象画の師である末松正樹門下の松樹会展に毎年出品し、ゴルフも楽しんだ。土浦邸は、終生モダンな感覚を持ち続けた夫妻の学びと経験が込められた稀有な住宅である。

About Kameki and Nobuko Tsuchiura

Atsuko Tanaka (Architectural Historian)

In 1935, Kameki Tsuchiura and his wife Nobuko Tsuchiura completed their own home in the current Kamiosaki district of Shinagawa Ward, Tokyo. Who was this couple that designed the Tsuchiura House and lived there for the rest of their lives?

Kameki Tsuchiura and Nobu Yoshino

Kameki Tsuchiura was born on June 29, 1897 in Mito, Ibaraki Prefecture, the first son of Ichimatsu Tsuchiura and his wife Mitsue. On his father's side, the Sakai family was involved in the production of maps for the Mito domain during the Edo period (1603-1868). His grandfather, Yoshio Sakai, was the headmaster of the Jishu Gijuku, a private school that taught map-making techniques, and was also a waka poet. The eldest son of Sutehiko Sakai, the grandfather's younger brother, was the renowned Japanese-style painter Taikan Yokoyama, Ichimatsu's cousin.

Kameki's father graduated from Tokyo Imperial University (now the University of Tokyo) and became an English teacher at Mito Middle School, followed by teaching at Osaka Higher Technical School and Lushun Technical Science Office (later Lushun Institute of Technology, located in Dalian, Liaoning province, China). This is why Kameki went to middle school in Lushun. The family was close to the Christian missionaries, and their lifestyle was Westernized. Kameki's mother made clothes for the family's eight children on her sewing machine and baked Western sweets on a *shichirin* portable clay charcoal stove.

After graduating from the middle school in Lushun, Kameki went on to the First Higher School in Tokyo and then to Tokyo Imperial University, where he studied architecture. In 1921, while still a student, he visited the construction site of the Imperial Hotel (1923), designed by Frank Lloyd Wright, through the introduction of a senior classmate, Arata Endo, and was fascinated by Wright's architecture. His graduation project, "Church" (1922), which he prepared while working part-time at the Imperial Hotel site, was deeply influenced by Wright. Kameki also attended a study group at Endo's invitation, held at the Yoshino residence, where Endo had designed a study for Sakuzo Yoshino. There, Kameki met Nobuko, one of Yoshino's daughters. After graduating from university, Kameki was commissioned to design a villa for the Yoshino family in Hatake Onsen Scholars' Village. He became close to Nobuko, who showed him around the property, and they married in April 1922.

Nobuko (also known as Nobu) Yoshino was born on September 22, 1900, the eldest daughter of Sakuzo Yoshino, a professor of the faculty of law at Tokyo Imperial University and a theoretical leader of the Taisho Democracy movement, and his wife Tama Abe. After graduating from Seishi Elementary School in Hongo and a high school for girls attached to the Women's Higher Normal School, Nobuko went to the Athénée Français to learn French at her father's suggestion. She married Kameki Tsuchiura when she was 21 years old, and the couple moved to Los Angeles in April 1923, as she herself had been interested in studying architecture in the United States.

At Wright's Studio in the United States

When the Tsuchiuras arrived in the States, Wright was using a two-story house in West Hollywood as his studio and housing for his staff, while he lived elsewhere. The couple lived in the studio house with William Smith, a staff member. The projects they worked on included the design and construction of four concrete "textile" block houses, as well as plans for the Doheny Ranch and the Lake Tahoe Boathouse. Since Smith was in charge of miscellaneous work and supervision of construction sites, Kameki did most of the drafting and perspective drawings, and Nobuko did some rough drawings and coloring work. She had started with tracing and learned how to make perspective drawings from Smith. She also studied architectural design and drafting for two years through correspondence courses, receiving her diploma while in the States.

While working and studying hard, the Tsuchiuras and Smith also went to movies and concerts on weekends. Kameki also obtained a driver's license and they drove into the mountains nearby for camping trips and to visit old mission sites. They also visited Rudolf Schindler's house (1921) in West Hollywood. About the house, Kameki later said, "I was impressed by the novelty of it. The house was built on a flat dirt floor, on the same level as the outside. It was as if the building grew out of the land."

In early spring of 1924, the Tsuchiuras and Smith moved to Wright's residence, Taliesin, in Wisconsin, where they spent a little over a year and a half. However, Wright's studio worked only on noncommissioned work, such as the National Life Insurance Company Building and the Gordon Strong Automobile Facility, and Kameki gradually began yearning to work on actual projects. In a letter to Anton Feller, whom he met at Taliesin, he expressed his honest desire to see the outside world. Through discussions about the European modernism movement in architecture with his colleagues at Taliesin, such as Werner Moser and Richard Neutra, Kameki became dismissive of the decorativeness of Wright's architecture.

In addition to working on noncommissioned work at Wright's studio, Nobuko helped Wright organize his *ukiyo-e* woodblock prints and antique pieces. She later recalled that she had seen an authentic *ukiyo-e* by Sharaku, and that Wright had told her, "This Buddha statue was made to be placed here." Wright, who had been acquainted with Nobuko's father in Japan, liked to take Nobuko out dressed in a *kimono* and was angry when she cut her hair short. Wright called Nobuko "Big Little Nobu," because she had a big presence despite her small stature.

However, the Tsuchiuras' idyllic and peaceful life at Taliesin was interrupted by a fire in April 1925. Bucket relays were used to extinguish the fire, but they were not able to quench it in time, and Wright's living quarters were destroyed. The Tsuchiuras assisted in the subsequent rebuilding, before finally resigning in October and moving to Chicago. In November, they started their return trip to Japan across the continent by car, passing through New York, Washington, D.C., St. Louis, Santa Fe, the Grand Canyon, and Los Angeles before arriving in San Francisco at the end of December.

Activities after Returning to Japan and Construction of Their Own House

As soon as he returned to Japan in January 1926, Kameki started working for Okura Civil Engineering (now Taisei Corporation). On the recommendation of Sakuzo Yoshino, the couple lived in the Bunka Apartments in Ochanomizu, where they met Czech architect Bedrich Feuerstein. The Tsuchiuras jointly entered design competitions for the Subway Building and other projects, and explored what new architecture should be. While Kameki was in charge of major projects at Okura Civil Engineering, such as the Soviet Embassy (1930), he was also designing private residences at home, and Nobuko helped him with these projects. Some of these houses, including Tsuchiura House in Gotanda (1931), can be said to have been jointly designed with Nobuko.

Nobuko herself designed a house in 1929 that won the Silver Prize in *Asahi Graph*'s "Small and Medium-Sized Houses of the New Era" competition. The full-scale model house was constructed as Asahi Home Type 7 on the site of the Asahi Home Exhibition in Seijo Gakuen. Nobuko's design philosophies for the detached house were 1) lean use of space, 2) efficient lifestyle, 3) hygienic, and 4) fully protected against the cold and heat.

Their own residence, the Tsuchiura House in Kamiosaki, completed in 1935, was built by rationally utilizing the foundation of a warehouse on the sloped site. A dry-wall-construction house that combined the interpenetrating spaces of Wright's Imperial Hotel with the functionality of modernist architecture from Europe, it had a geometric international-style façade, but also local characteristics such as small eaves on the windows to accommodate the rainy climate of Japan. The house was designed by both Kameki and Nobuko. A newspaper article at the time noted, "Nobuko Tsuchiura is making a leap forward as a female architect," and "As one of today's finest engineers, Nobuko is actively involved in the architectural world together with her husband." At the time, a flush toilet was so rare that children from a nearby elementary school came to the house to see it.

Around the same time as the construction of the house, in December 1934, Kameki established Tsuchiura Kameki Architects. Nobuko was in charge of interior design at her husband's studio, but after 1937, she left architecture and devoted herself to her own creative activities. These included joining the Ladies Camera Club organized by photographer Yasuzo Nojima. Nobuko's photographs were included in the book *Nekka-iseki* (*Rehe [Jeho] Remains*), authored by Hideto Kishida and Kameki Tsuchiura, containing a collection of photographs taken during their travels in northeastern China.

Extension and Post-war Downsizing

The west side of the Tsuchiura House was extended in 1938 when Tsuchiura's mother came to live with the couple. The extension included: on the basement level, an entrance to the extension, a six-and-a-half-*tatami* mat Japanese-style room, a small kitchen, and a staircase; on the first floor, a nine-tatami mat Japanese-style room with a *tokonoma* alcove and a washroom; and on the second floor, a multi-purpose room called "*monooki*," which was created as an extension of the study. The maid's room, originally 2 tatami mats in size, was increased to about 4 tatami mats with this addition, and a washstand was installed in the place where the bed used to be.

During World War II, when the Tsuchiuras were evacuated to Kugenuma in Kanagawa, the house was used as their office. After the war, Nobuko learned that the house was on the confiscation list and directly negotiated with the Allied occupation forces' GHQ, and managed to save it. Around 1954, after Tsuchiura's mother passed away, the damaged foundations, walls, and roof were repaired, and the exterior walls were covered with vertical paneling and the roof with galvanized iron sheets. In addition, around 1971, the west side of the property was sold, and a one-and-a-half *ken* (270 cm) section of the west side of the building was demolished. At the time, the interior was painted in bright shades of light blue and yellow, and the monooki on the second floor was used from then on as the studio of Nobuko, who had begun painting in oils.

Tsuchiura office staff described Kameki as "upstanding," "a gentleman," "a dandy," and "a modernist himself," and Kameki's lifestyle was the same as before the war. Even after closing the office in 1969, he continued to go to the elite Kojunsha Club as a member, loved Western food, classical music, and golf. He spent the beginning of the year at the Kawana Hotel in Ito, Kanagawa, and summers in Karuizawa, Nagano, and drove a car until he was 93 years old. Nobuko held six solo shows of her paintings from 1969 to 1993. She also displayed her work every year at the annual exhibition of Shojukai, the followers of abstract painter Masaki Suematsu. She also enjoyed playing golf.

The Tsuchiura House is an extraordinary residence that incorporates the wisdom and experience of this couple, who maintained a modern sensibility throughout their lives.

タリアセンの居間にて。左からライト、ノイトラ、シルヴァ（モーザーの妻）、亀城、信子、モーザー、ディオーネ（ノイトラの妻）

第一の土浦亀城邸

本頁及び右頁:第一の土浦邸の外観及び内観

土浦亀城が設計した自邸は2軒ある。第一の自邸である土浦亀城邸(第一)は、現在の五反田駅付近に位置し、谷口吉郎ら交流のあった建築家たちが多く訪問した。この建物は現存していないが、規模や空間構成、仕上材など、現存する土浦亀城邸(第二)と類似する点が多い。土浦は第一の自邸を売却すると共に、当時勤めていた大倉土木(現:大成建設)を退社し、そうして得た資金で上大崎長者丸地区の土地を購入し、土浦邸(第二)の建設を実現した。

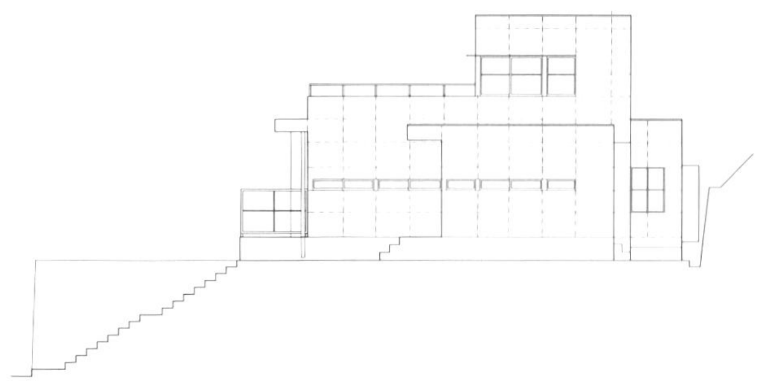

東側立面図　縮尺1/250

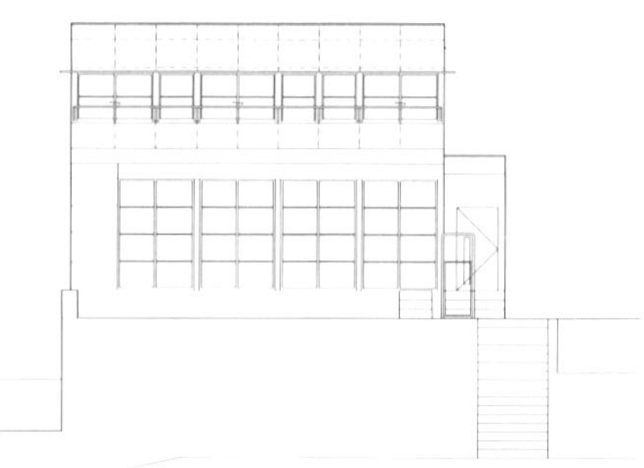

南側立面図

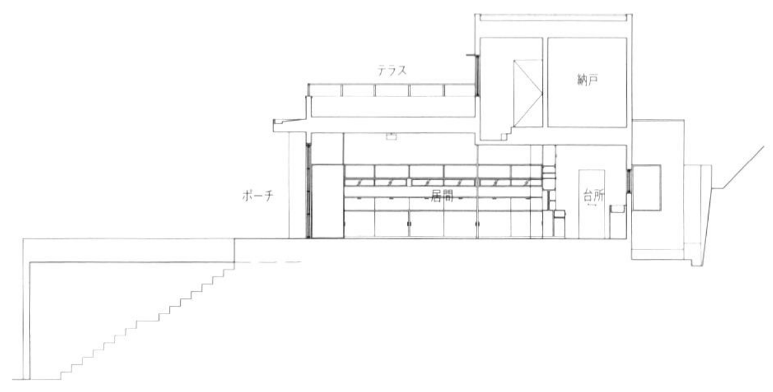

長手断面図　縮尺1/250

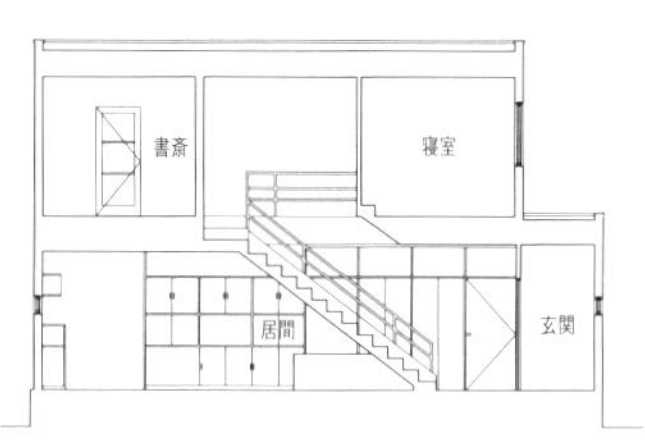

短手断面図

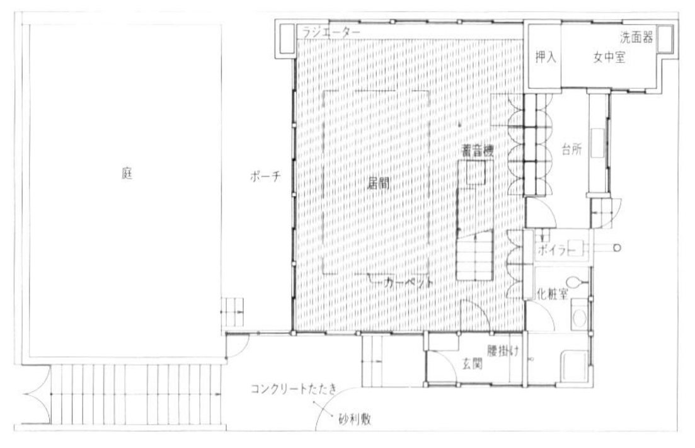

1階平面図　縮尺1/250

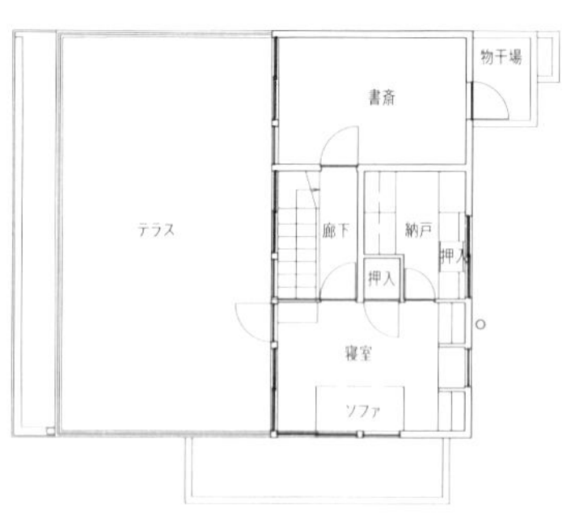

2階平面図

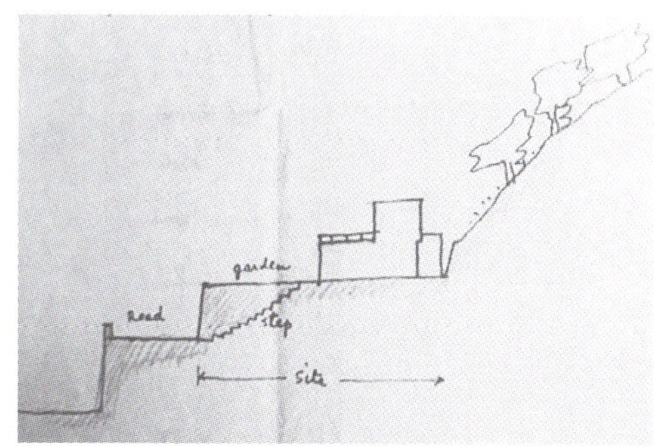

上左：土浦亀城がフォイエルシュタインに書いた手紙の中のスケッチ／上中及び右：土浦亀城邸（第一）の模型／下：土浦亀城邸（第一）に集った若手建築家。左から五井孝夫、前川國男、谷口吉郎。右が土浦夫妻

土浦亀城邸（第一）

設計　土浦亀城
階数　地上２階
構造　木造乾式工法
仕上げ　外壁：石綿スレート２尺×３尺
　　　　白色セメント吹き付け
　　　　内壁：トマテックス
　　　　２尺×３尺 無塗装
面積　1階：23坪、２階：10坪
竣工　1931年（昭和６年）

土浦亀城先生の日常

中村常子（元秘書）

当初は土浦家夫妻のお手伝いをするために、後には秘書として、土浦邸で土浦夫妻と半世紀近く同居した中村常子氏。そして夫妻が亡くなった後、その遺言により中村氏は土浦邸と夫妻の遺留品を継承し、大切に守ってきた。
2019年（令和1年）春、94歳の中村氏にインタビューを行い、土浦亀城の思い出についてお伺いした。

私は1955年（昭和30年）から土浦ご夫妻と土浦邸で同居するようになりました。土浦亀城先生は、一言で申し上げると「とてもお行儀の良い方」でした。長年ご夫妻と一緒に生活させていただいた中で、先生の怒った姿は一度も見たことがありません。また夫婦喧嘩も一度もなかったように思います。

土浦先生が特に親しくされていたのは、坂口清博さん（元土浦亀城建築事務所所員）や野島康三さん（写真家）だったと記憶しています。野島さんは軽井沢に別荘をもっていらしたのですが、土浦先生は夏の2カ月間くらい、この野島さんの別荘に滞在されることが多かったです。
現在（編註：2019年時点）、土浦邸のキッチンは、鮮やかなレモンイエローですが、これはある年の夏、土浦先生と奥様が恒例の軽井沢滞在を楽しまれている間に、留守番をされていた方が塗ってしまったものです。オリジナルは薄いクリーム色だったと記憶しています。

ご自宅での土浦先生は、朝から夜までいつも音楽をかけていました。お聞きになるのはクラシックばかりでしたね。
また、朝食はオートミールと決まっており、これは専用の白い鍋で調理しました。お酒はビールを少し嗜まれる程度でしたが、コーヒーはいつも豆から挽いたドリップコーヒーを楽しまれていました。また甘いものも本当にお好きでした。

土浦先生の趣味はゴルフで、会員である保土ヶ谷クラブに毎週のように通っていらっしゃいました。車もお好きで90歳を過ぎてもご自身で運転されていました。よく乗り換えていらっしゃったのですが、米国製の車がお好きだったように記憶しています。

温かな人柄と建築

小川信子（建築家）

建築家の小川信子氏は、日本女子大学の家政学部生活芸術科住居専攻を卒業後、清家清の研究室を経て、土浦亀城建築事務所に入所している。
また、同じ「信子」という名前の土浦信子とも親交が深く、彼女の生涯を追った『ビッグ・リトル・ノブ　ライトの弟子・女性建築家　土浦信子』を執筆している。(田中厚子氏との共著／ドメス出版刊)
2022年(令和4年)、小川氏にインタビューを行い、土浦夫妻や土浦事務所について、幅広いお話を伺った。

土浦事務所に入所した経緯

──小川先生が土浦亀城建築事務所に入所された経緯を教えてください。

小川　私が日本女子大学（以下、女子大）の学生だった時、児童施設を卒業論文のテーマにしていたのですが、その指導を河野通祐先生にいただいていました。河野先生は、土浦亀城建築事務所（以下、土浦事務所）に長く在籍された方で、保育園や幼稚園の研究をなさっていました。
卒業後、私は設計事務所に入るよりも、もう少し勉強がしたいと考えていましたが、当時は女子大にまだ大学院がなかったので、東京工業大学（以下、東工大）の清家清先生の研究室に研究生として在籍することになりました。そして清家研究室に行ってしばらく経った頃、河野先生から「土浦先生の事務所に応募してみないか？」というご連絡を受けたのです。土浦事務所ではそれまで女性の所員を採用したことがなかったのですが、河野先生から「これからは女性の建築家も大いに活躍すべきだと思う。どうかな？」と勧められたのです。それで清家先生にご相談したところ、「こんなチャンスはないから、是非行きなさい」と言われて面接に行くことになりました。
当時の土浦事務所は東京・八重洲にあり、空襲の被害を受けなかった素敵なビルに入っていました。トップの土浦亀城先生と、実弟の土浦稲城さん、そして義弟の高谷隆太郎さんという３人の兄弟を中心に運営されていたのですが、最初に事務所の応接室でこの３人とお会いしました。そして、建築についてどのような勉強をしてきたのか等、いくつか質問を受けました。後日、土浦先生から「宜しいです。ただ、ひとつ条件があります。妻の信子に会っていただけますか？」とご連絡をいただき、初めて土浦亀城邸（以下、土浦邸）を訪れることになったのです。
その日、私はとても緊張していました。土浦邸のドアを開けると「お上りください」とお手伝いさんに言われて、ビクビクしながら階段を上がると、居間の正面に土浦先生と奥様の信子さんが並んで座っていらして「ここに座りなさい」と言われました。最初に信子さんから「お名前は？」と聞かれて「小川信子です」と申し上げたところ、「あら、私と同じ名前ね！」と言われて少し緊張が解けたことを覚えています。この日、土浦先生は黙って座っていらして、お話になったのは信子さんだけでした。そして清家先生のところで取り組んでいた研究等について聞かれました。また、私は女子大の家政学部生活芸術科住居専攻の２期生だったのですが、その頃、1期生だった林雅子さんたちが既に設計の世界で働き始めていました。信子さんはそのことも良くご存知で、「私もライトの事務所で建築の勉強をしてとても良い経験をしましたが、それ（編註：女性が建築をやること）はとても大変なことだと思う。貴女は建築を続けることができますか？」と私に聞かれました。そして「はい。1年や２年では辞めません」とお答えしたのです。
この初対面の日、私は「信子さんはとても厳しい方だな」という印象をもちました。しかし、後で考えてみると、初めて採用する女性所員であり、あの時代に女性が建築の世界でやっていくことの大変さをよくご存知だったからこそ、「生半可なことではやっていけませんよ」ということを私に伝えたかったのだと思います。こうして1952年（昭和27年）、私は土浦事務所に入所することになりました。

土浦亀城の機能主義

──当時の土浦事務所はどのような仕事を手掛けていたのでしょうか？
小川　私が入所したのは、土浦事務所が八重洲の「国際観光会館」（1954年）の設計を手掛けていた頃です。他にはホテルや住宅が多かったと思います。土浦先生はホテルは手掛けるのですが旅館は一切やらず、そういう仕事は事務所から独立した若い人に回していました。そのように仕事の選び方はとても厳しく、こだわりをおもちのようでした。私自身は「国際観光会館」の内装や家具等の仕上げと、あとは小さな住宅を担当しました。葉山あたりの海岸に建てられた、進駐軍将校の住宅です。こういう仕事は「ちょっと小さな住宅をやってみないか」と私たちが担当しました。
土浦先生の弟の稲城さんは日本大学を卒業された方で、とても機能的な設計をされる方でした。また構造にも強くて、構造計算を担当されることもありました。その一方で、土浦先生の妹と結婚した高谷さんは早稲田大学出身で、デザイナー志向の強い方でした。だから土浦先生は高谷さんとあまり話が合わず、「これは高谷さんに任せた」という仕事にはあまり意見をおっしゃらなかったのです。このように得意分野の異なるおふたりがいて、その上に土浦先生がいらっしゃるという、ある意味でバランスの取れた体制で事務所を運営されていました。
土浦先生の建築については、これを「モダニズム」と評する方が多くいらっしゃいます。私はその言葉が意味するところがよくわからないのですが、土浦先生の建築の特徴として間違いなく挙げられるのは、「生活を主として考え、無駄なものはつけない」ということでした。
私も所員時代に土浦先生から「こんなものはいらないよね」と言われたことがあります。入所して間もない頃、ある住宅に雨戸の戸袋をつけたのですが、さらにそのラインに合わせてエレベーションに線を入れました。その案を先生に見せたところ、「この線は嘘でしょう。こういう嘘は設計しちゃいけない」と言われたのです。「生活するうえで本当に必要なこと。それをしっかり考えて、必要なものだけを残しなさい」というのが土浦先生の口癖でした。だから皆さん「モダニズム」と書いていらっしゃるのですが、私は少し違うような気がするのです。土浦邸を見ても、そこに生活に無駄なものはひとつもないとお感じになるでしょう。これはあらゆる設計において、土浦先生が所員に求めたことでした。

— それは小川先生の家政学にも通ずるところがありますね。

小川　そうです。土浦邸の古い写真で、信子さんがアイロン台を使っている写真があるでしょう。収納式のまな板を備えた台所もそうですね。住宅にはああいう設えが必要で、あの考え方こそ家政学の原点だと思います。

— 土浦邸には、奥様である信子さんのアイデアも活かされているのでしょうか？

小川　おそらくそうだと思います。土浦邸の図面にはおふたりの名前が記されているので、特に台所などには信子さんのアイデアがたくさん込められていると思います。

土浦邸は機能主義の原点のような住宅です。書斎からは下の居間だけでなく、郵便配達の人が来るところまで良く見えます。また、窓は人の目線を考えて設けられており、台所には右端だけ曇りガラスになっている窓もあります。どういう行動をした時に見えるように、あるいは見えないようになるのかを、おふたりがよく考えてデザインされたのだと思います。

また玄関周りも面白いですね。土浦邸の玄関は割とゆったりと空間がとられていますが、そこには来客に対するシステムがデザインされています。玄関を入ってすぐにコート掛けと鏡がありますでしょう。このコート掛けは上にハット、下にコートを掛けることができますが、これは当時、米国の家の玄関で皆がする行動に則ったデザインです。また郵便物等の細かなものに対する機能まで考えられていて、「生活のけじめ」のようなものがきちんとしています。

私はフィンランドでアルヴァ・アアルトの住宅を訪れた時、その玄関を見て「土浦邸と似ている！」と感じました。アアルトの住宅も、来客が自然とコートを脱いで鏡で身だしなみを確認して家の中に入るようにデザインされています。土浦先生がアアルトの住宅を訪れたことはありませんが、あの時代には「人の行動を客観的に捕まえてデザインする」、何か共通点があったのかもしれません。おふたりとも、生活における人の行動をしっかりと見ていて、それを基に空間を構成したり、分離したりしています。私はそうした思想をライトの建築からも感じます。

土浦先生は「これからの住宅は、生活に必要な要素以外設けなくて良い」とおっしゃいました。機能主義ですね。ただ、それは池辺陽先生の機能主義とは違うものです。清家先生とも異なる。当時の私は、色々な先生が発表する新しい時代の住宅を「どのように違うんだろう？」と考えながら勉強しました。

— 郵便受けを見ても、清家先生と土浦先生の住宅では随分違いますね。清家先生の「私の家」（1954年）の郵便受けはシンプルなスリットです。「森博士の家」（1951年）もそうですね。

小川　土浦邸とは随分違いますね。どちらの先生も温かみがあって私は大好きでしたが、おつくりになる建築は全然違いました。生活に対する考え方が違うのかしら。どちらが良い悪いではなく、これが建築の面白いところですね。

土浦事務所の先進性

— 土浦事務所はどのような雰囲気でしたか？

小川　まず「女性だから」ということが一切なかったことに驚きました。当時は事務所のお掃除やお茶汲みは女性がやるものだという認識が一般的でした。しかし、土浦事務所では男女問わず1年目の人が掃除を担当するというシステムで、2年目になって後輩が入所してくると、私は掃除担当ではな

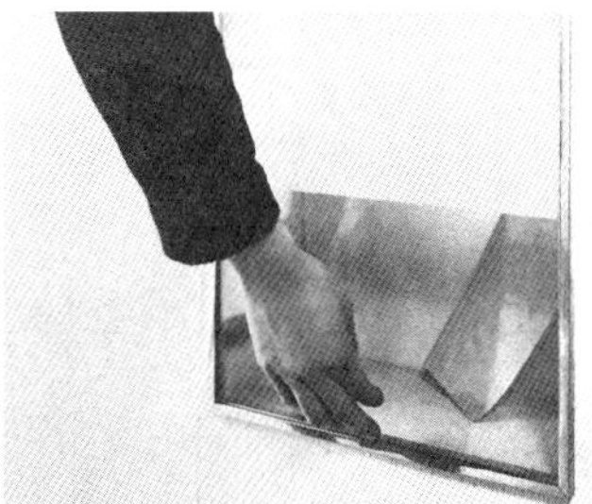

上左２点：土浦邸の女中室に備えられた収納式のアイロン台／上右：台所の収納式のまな板
下左：土浦邸の玄関／下右２点：玄関内の郵便受け

くなりました。またお茶も土浦先生が「そんなに気を使いなさんな。そこにお茶のセットがあるから、飲みたい人は自分で飲むから」とおっしゃるのです。大学にいた頃の方が「女性だから」ということでやることが多かったので、当時の土浦事務所が如何に先進的だったのかおわかりになるでしょう。お給料も男女で差はありませんでした。

── それは土浦夫妻が米国のライトの事務所で働いたことが影響していたのでしょうか？

小川　その影響はあったと思います。土浦事務所は男女の待遇差がないだけでなく、朝 9 時に始まって 17 時にはピッタリと終わる、たまに残業しても 18 時には皆が帰るという、素晴らしい環境でした。その当時、女性が色々な設計事務所で働き始めていたのですが、私たち女性建築家の団体「PODOCO」が、各事務所における女性の待遇や労働環境について調べたことがありました。その結果、ほとんどの事務所は夜遅くまで残業することが当然で、徹夜続きでボロボロの仲間からは「土浦先生のところは、どうして定時で終わるの？」と不思議がられたものです。土浦事務所では、就業中は皆必要以上におしゃべりをしませんでしたし、仕事のけじめがついていたのだと思います。土浦先生は朝の 8 時か 8 時 30 分には事務所にいらっしゃって、皆の図面をチェックするのが日課でした。ただ、躊躇なく赤鉛筆を入れられるので、指摘を受けた図面は全て描き直さなければなりませんでした。そういうところは厳しかったですね。

最近も「土浦亀城先生というのはどういう方だったのですか？」とよく聞かれます。仕事はとても厳しい、でも他人のプライベートには厳しいことをおっしゃらないと、行動がはっきりされていましたね。曖昧なことがなかったし、あれほど節度のある人に、私はこれまでお会いしたことがありません。また、相手がどんなに若い人でも一人前として対等にお話されていたのを思い出します。お亡くなりになるまで、人を差別するようなことはまったくありませんでした。仕事に対する厳しさから「土浦先生は冷たい」と話す所員もいましたが、私はすごく温かい人だったと思います。

── 小川先生はその後、女子大に戻られますね。

小川　私が土浦事務所に勤めていた間、女子大には林雅子さんと同じ一期生の方がいらっしゃったのですが、その方がお辞めになったので、「小川さんは建築の実務を経験しているので、是非助手として女子大に戻って欲しい」と言われたのです。そして土浦先生にご相談したところ「建築は一生のものだから、戻って欲しいと言われているなら、大学に戻りなさい」とおっしゃってくださいました。

私が女子大に戻った後も土浦先生や事務所の方々との交流は続き、女子大の学生をアルバイトに呼んでいただくなど、学生が設計の実務に触れる機会をつくっていただきました。

── 土浦先生は事務所を 1969 年（昭和 44 年）に閉めています。72 歳くらいですね。

小川　今考えるとお若いですね。事務所を閉める時、長年勤めていた人たちを集めて「これで僕は終わりです。事務所を閉じます」とおっしゃられたそうです。そしてその後、土浦先生のところに来た新しい設計依頼や自分の作品の修繕依頼の仕事は、以前所員だった人たちに回していました。

これは秘書の中村常子さんから伺ったのですが、事務所を閉めた後、土浦先生は自分の手でほとんどの図面を焼いてしまったそうです。本当に執着のない方でしたね。事務所の後継者をつくらなかったのもそういう理由からかもしれません。

巻き尺が繋げた恋

── 奥様の信子さんはどのような方でしたか？

小川　信子さんは土浦先生と正反対と言いますか、もう少し

小川信子氏（左）と
土浦夫妻（1980年代）

自由な方でした。吉野作造先生のお嬢さんということも関係していたのかもしれません。
私は所員時代に信子さんとほとんど交流はありませんでした。そういうところは「仕事は仕事」と、はっきりされていました。個人的にお付き合いさせていただくようになったのは事務所を辞めてからで、土浦先生や信子さんの展覧会によくお伺いさせていただきました。プライベートなことまでお話させていただくようになったのは、土浦先生が事務所を閉められた後からですね。じっくりお話させていただくと、とても温かな方だとわかりました。
初めて土浦邸を訪れた時、信子さんが私に「貴女は建築を続けることができますか？」とおっしゃったという話をしましたが、これは後で気が付いたのですが、信子さんにはまだ建築への想いがあったのだと思います。米国から帰国後、土浦先生と信子さんは、初期はおふたり連名で作品を発表しています。でも、ある時から信子さんはピッタリと建築を辞めて写真を撮り始めます。さらに戦後の1948年（昭和23年）頃からは絵を描かれるようになり、94歳になる1991年（平成3年）まで個展を開催されました。信子さんの絵は鮮烈な色彩の抽象的な作風ですが、同時にそれはとても立体的であり、信子さんの出発点はやはり建築なのだと感じます。

— そのように性格の異なるご夫妻はどのように知り合ったのかご存知ですか？

小川　私が聞いているのは、巻き尺がおふたりを繋げたという話です。吉野作造先生が静岡の畑毛温泉に別荘をつくろうとして、その設計を東大を卒業したばかりの若い土浦先生に依頼されたのです。それで土浦先生が敷地調査に行く時に、吉野先生が「道案内に」と娘の信子さんを同行させて、おふたりで実測したことがきっかけだったそうです。おそらく吉野先生が土浦先生のことを良い青年だと思っていたのでしょうね（笑）。

— 本日は色々なお話をいただき、ありがとうございました。

土浦邸訪問記

槇文彦（建築家）
藤森照信（建築家・建築史家）

復原・移築プロジェクトが動き出し、品川区上大崎で現地一次調査が行われていた2019年（令和1年）春、土浦邸に槇文彦氏と藤森照信氏が訪れた。土浦邸の記憶やその空間構成、そして亀城と師・ライトのエピソード等についてお話を伺った。

前列左から、藤森照信氏、槇文彦氏、前所有者である鈴木郷史氏。後列は、復原・移築プロジェクトを担当した安田幸一氏（右）と山﨑鯛介氏（左）

土浦邸とフランク・ロイド・ライト

藤森　槇先生が初めて土浦邸を訪れたのはいつ頃でしょうか？

槇　この家が完成した1935年（昭和10年）です。当時、私は7歳でしたが、私たち家族が住んでいた家の近くに村田政真さんという建築家が住んでおられて、彼が土浦亀城の事務所で働いていたのです。それでこの家ができた時に、村田さんが「ボスの家のオープニングに一緒に行きましょう」と私たちを誘ってくれたのです。

遠い子どもの頃の記憶なので、これは後で調べてわかったことですが、私がモダニズムの家に訪れるのはこれが二度目だったようです。初めて訪れたモダニズムの家は、1933年（昭和８年）に訪れた谷口吉郎さん設計の「佐々木邸」（田園調布／現存せず）でした。施主の佐々木さんと谷口さんは共に東京工業大学の若い助教授で、おそらくその縁で谷口さんが設計されたのでしょう。この「佐々木邸」のオープニングは母に連れられて行ったのですが、真っ白な家でとてもモダンな印象を受けました。

鈴木　土浦邸については、どのような印象を受けられましたか？

槇　階段の手摺りの印象が強いですね。子どもの頃、私は船がとても好きで、横浜港に外国の大きな客船が入ると、時々親が連れて行ってくれました。そうした外国の船の手摺りに似ているなあと子ども心に感じました。この家が完成した時、土浦先生は師のライトに写真を送ったそうですね。それを見たライトが機嫌を損ねたとも聞いています。

藤森　写真を受け取ったライトから土浦先生宛に手紙が届いたのですが、その内容が相当激しかったようです。その手紙を土浦先生は僕たちになかなか見せてくれなかった。お付き合いが始まって大分経ってからようやく見せてくれたのですが、やはり昔の人なので「先生に怒られた」というのは相当なものだったのでしょう。

その手紙には「君は何故ル・コルビュジエのようなことをやるのだ！」というようなことが記されていました。手紙自体はタイピストが打ったものでしたが、それに追記するようにライトが自筆で青インクで書いていたのです。

槇　写真を送る方も送る方だと思うんですけどね（笑）。

藤森　そうですね（笑）。しかし、この土浦邸からはやはりライトの影響も感じますね。

槇　「帝国ホテル」のロビー周りのスキップフロアの構成など、大きい空間の中に小さな空間をはめ込む手法は、土浦邸に大きな影響を与えていると思います。

安田　東大の先輩だった遠藤新の影響で、土浦先生は学生の時に「帝国ホテル」の建設現場に足を運び、そこでライトと初めて出会っています。それがライトの事務所で働くきっかけとなったようです。

幸運な建築

鈴木　今後、私たちはこの家を1935年の創建当時の姿に復原したいと思っています。そのための事前調査として、安田さん・山﨑さんが中心となって、現在（編註：2019年春時点）一部を解体して建物の状態を調べてもらっています。

槇　それは楽しみですね。

安田　鈴木さんがおっしゃったように、今部分的に壁を外して調査を行っていますが、壁の内部を見ていただくと、柱の根元の方が傷んでいるのがおわかりになると思います。木造で今まで本当によく残ったと思います。

藤森　元々、鉄骨造のために考えられたデザインですからね。それを木造でつくったわけだから…。

安田　土浦邸において「乾式工法」というのは土浦先生の大きなテーマだったと思います。でも「乾式工法」に対する興味はこの自邸で終わってしまったのかもしれませんね。

山﨑　土浦先生が木造を手掛けられたのは初期の頃ですね。

藤森　日本人が手掛けたモダニズム建築として現代までしっかりと残っているのは、コンクリートでは山口文象さんの「黒部川第二発電所小屋平ダム」、そして住宅ではこの土浦邸くらいです。他にも残っているものはありますが、それらは創建当初から変わっている部分が多い。住宅がオリジナルに近いかたちで長く存続するのは難しいですね。

槇　土浦亀城先生と奥様の信子さんは98歳でお亡くなりになり、その後この家を引き継がれた中村常子さんも現在94歳（編註：2019年時点）。この家に住まわれた皆さんはとても長寿ですね。そしてこの家もこれから創建時の姿に復原されて、永く残っていく。とても幸運な建築ですね。

藤森　木造でこういう乾式工法の建築は日本にしかないものです。土浦邸は現代の日本の建築家にまで受け継がれる「日本独特のモダニズム」の原型と言えるかもしれませんね。

復原・移築プロジェクトの詳細

DETAILS OF THE RESTORATION AND RELOCATION PROJECT

主題としてのモダニズム住宅の文化財修理

山﨑鯛介（建築史家）

土浦亀城邸の文化財修理。このプロジェクトのテーマは何か。端的に言えば、モダニズムの美学を最も純度高く示したこの作品の価値を、日本の文化財保存の手法と技術を用いて維持・継承する、という試みにある。

土浦邸の文化財的価値はどこにあるのか。
それは、現存する貴重なモダニズム住宅としての価値、土浦夫妻が生涯住み続けた自邸としての価値と、ひとつではない。現在の文化財保存の標準的な考え方はどちらかといえば後者であり、その場合は夫妻が自らの手で加えた増改築にも価値を見ることになる。しかし今回は、創建時の姿にこそ芸術作品としてのより普遍的な価値があるという考え方に立ち、復原工事を通じてその価値をより鮮明にすることを目指した。

創建時の土浦邸の芸術的価値はどこにあるのか。
ひとつは、ヨーロッパ・モダニズム由来の直線と平面による抽象的な美学の表現にあり、もうひとつは主要な部屋が吹き抜けに面する階段によって垂直方向に連続するダイナミックな空間構成にある。前者は戦前の土浦作品に典型的な設計手法であるが、後者はこの作品にしか見られない特徴である。

これらの価値をより鮮明にするため、復原工事では綿密な文化財調査に基づく意匠復原を行った。前者については、擦(こす)り出(だ)し調査の成果に基づき全体の色彩を復原し、後者については見え隠れに構造補強を行うことで後補の壁を撤去し、失われていた開口部を復原した。こうして再現された土浦邸の内部空間は、古写真で見覚えのある、しかし実体としては見たことのないような印象の空間であった。

創建時への復原は、建築家の設計意図に最大の価値を見るということである。
土浦邸の設計意図については、再現された空間と共に、解体調査からも多くの情報が得られた。特に地下室の躯体に既存建物の煉瓦基礎が再利用されていた事実の発見は、この作品最大の特徴である垂直動線の発想がどこから来たかを理解する大きな手助けとなった。

Restoration of a Modernist House as a Cultural Property

Taisuke Yamazaki (Architectural Historian)

What was the theme of the project to restore the Tsuchiura House, a cultural property?
Put in a nutshell, it was an attempt to maintain and pass on the value of this work of art, which represents the purest expression of modernist aesthetics, using the methods and techniques of Japanese cultural property conservation.

What is the value of the Tsuchiura House as a cultural property?
There is more than one type of value, and here, it is valuable as one of the rare and precious modernist residences that have survived to today, as well as because it was the Tsuchiuras' own home, where the couple lived to the end of their lives. Today the standard view on a cultural property conservation focuses more on the latter, and the additions and renovations made by the couple themselves would be valued more. This project, however, is based on the belief that the home's design on completion is of more universal value as a work of art, and we aimed to make that value more visible through the restoration work.

What was the artistic value of the Tsuchiura House upon completion?
There is value in the expression of an abstract aesthetic using straight lines and flat surfaces derived from European Modernism, as well as in the dynamic spatial composition in which the main rooms are vertically connected by a staircase facing the atrium. The former is a design technique typical of prewar Tsuchiura works, while the latter is actually a feature found only in this work. In order to make these values clearly visible, the house underwent a precise restoration based on a meticulous cultural heritage survey. The colors used throughout the interior were restored based on the results of a thorough paint analysis by scraping, and the posterior walls were removed and missing openings were restored by reinforcing the structure in the visible and hidden areas. The interior space of the Tsuchiura House, recreated in this way, looks somehow unrealistic—a space familiar from old photographs but never seen in reality.

Restoring a house to the time of completion also means that the greatest value is placed on the architect's original design intent.
Along with the recreated space, the dismantling survey provided much information about the design intent of the Tsuchiura House. In particular, the fact that the brick foundation of the existing building was reused for the basement frame greatly helped us understand where the idea of vertical flow lines, the most distinctive feature of this work, came from.

外壁の補修痕。幾度となく繰り返された修繕の履歴

歴史考証と調査、現状変更方針について

加藤雅久（建築技術史家）

工事着手前の現況調査

土浦亀城邸の復原・移築プロジェクトにおける歴史考証は、東京工業大学の山﨑鯛介研究室、長沼徹助教を中心とする安田幸一研究室、そして私（居住技術研究所）がチームとして共同で実施した。私の役割は、技術面の支援であった。

土浦邸の状態を確認するため、初期調査を開始したのは2021年（令和3年）の春である。それ以前に安田アトリエと安田研究室による現況調査と実測等が行われており、「部材の痛みが深刻であるため、オリジナル部材はあまり残せそうにない」と耳にしていた。実際、私も建物内に入ったところ、床の傾きや壁の亀裂を顕著に感じる状態であった。

私たちがまず着手したのは建物各部の「仕上げ部材の仕分け」「塗装履歴の確認」「記録撮影」の3点であった。

仕上げ部材の仕分けは、室内外の各部における仕上げ構成要素について、オリジナルであるか、後年の改修であるかを区別すると共に、その材質や製造元、傷み具合、取り外し方法なども検討整理した。

当時、建具や金物類、衛生器具、照明器具などの一次調査は既に終わっており、それらのほとんどは再利用することが決まっていたが、創建時の意匠を取り戻すため、床材や壁材といった面部位は基本的には交換する方針であった。これは土浦の設計意図を明確に再現することが目的であったが、その一方で文化財としてはオリジナル部材も重要である。幸い、床のフローリング材や、壁・天井の素材であったテックス（木質繊維板の一種）、そして浴室のタイルや玄関や外部のモザイクタイルなどについては保存状態が良好なものもあり、それらは丁寧に取り外したうえで、保存したり、復原・移築工事時に使用したりしている。

次に、塗装履歴の確認である。今回は意匠復原に重きを置くため、創建時の各部の色を特定する必要があった。これについてはオーソドックスな擦り出しという手法を採用し、歴史考証チームとして実施した。（p.133参照）

そして記録撮影であるが、この目的はふたつあった。ひとつは保存活用計画の策定において必須となる、各室の床・壁・天井の記録である。この写真は各壁面に正対して撮影を実施した。そしてもうひとつの目的は、竣工写真や竣工後間もない時期に撮影された写真を探し出し、それらとほぼ同じ構図で撮影することにより、変化した部分や変化していない部分を明らかにすることである。創建当初の土浦邸の写真は、土浦夫妻が撮影したものが多く、これらが当時の雑誌や書籍に掲載されている。また、そうした写真のオリジナルは土浦夫妻の遺品として多くが遺されていたため、これらと同じ構図で撮影することとした。この同構図撮影は、その後の解体や移築修理、竣工時にも実施し、今回の修理工事の妥当性を後世に検証できるようにした。

2021年の工事着手前の現況調査。上左：2階内観。北側（写真右側）が沈降して床や天井が傾いているのがわかる
上右、上：寝室天井裏の籾殻。籾殻を壁や天井内に詰める断熱手法は当時広く行われていた／上右、下：取り外したテックスを番付して保存する
下2点：同構図撮影。創建時の写真（左）と同アングルで撮影する（右）

2022年の解体時の調査の状況。上：露わになった軸部。壁面の室内側はテックスを止めるため、下地が格子状に配されていた
下左：木材表面に記された製材所名／下中：部材同士の接合部には、厚さ5～6mmの鉄板を曲げてつくられた補強金物が49カ所設置されていた
下右：補強金物

解体時の調査で見えてきたこと

2022年（令和4年）3月に土浦邸の保存活用計画が策定され、その後、土浦邸は移築と部材修理のため、本格的な解体調査に入った。

解体に伴い、露わになった軸部材を近くで見てみると、古いほぞ穴などの切り欠きがあちこちにあり、木材表面にステンシルで刻印された製材所名もさまざまであった。おそらく古材や端材など、安価な資材を活用したようであった。

このようにすべての部材を番付しながら解体していくと、最後に地下室[*15]の躯体が残った。従来、この地下躯体は、厚さがあること、そして浴室北側天窓部分に煉瓦積の壁が見えていたことから、煉瓦造ではないかと推測されていたが、仕上塗りに覆われていたため調査されることがなかった。今回、地下躯体や基礎は移設しないため、斫り調査を行った結果、上部1枚、下部1枚半の厚さをもつイギリス積みの煉瓦壁であることがわかった。

この煉瓦壁は、場所によって異なる仕上げがなされていたため、元々地上に表れていたものが、土浦邸の建設時に内部化、あるいは埋められたと考えられた。そこで、「旧竹内直哉邸」（1914年竣工）の平面図（江戸東京博物館所蔵）を土浦邸の地階平面図に重ね合わせたところ、「旧竹内邸」の西端にあった「庫」という名の部屋がちょうど煉瓦壁と一致することが判明した。

そしてさらなる調査の結果、元の「庫」は二層の建物であり、その下層部分が土浦邸の地階の躯体として残存していることや、かつて「庫」の東側は南側より地盤面が半階分高かったこともわかった。つまり「庫」の東側は土浦邸の玄関床と近いレベルだったことになる。

ところが、「庫」の東側につくられた土浦邸の食堂や居間、前庭は、南側より一層分高い位置にある。土浦は「旧竹内邸」の「庫」の地階部分を残し、これを浴室やボイラー室として

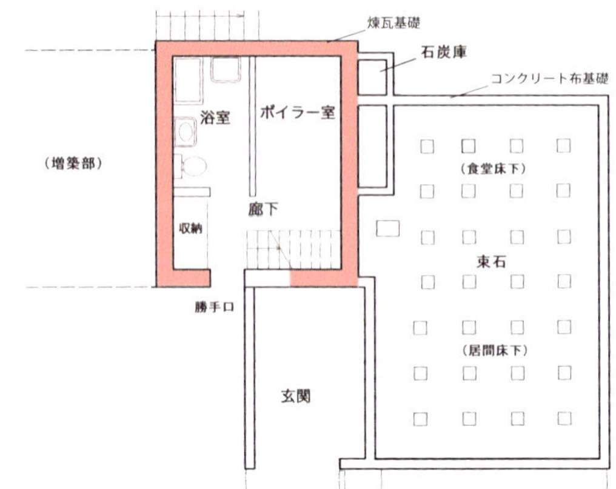

地下室・基礎の配置

活用しながら、土地の高低差を利用して立体的な空間を構成していったと考えられるが、その際、より高低差を強調すべく、前庭や居間・食堂の一帯を大胆に盛り土したのであろう。ボイラー室の脇につくられた石炭庫は、おそらく盛り土の土圧から「庫」の煉瓦壁を護るための擁壁を兼ねていたと思われる。

これら「庫」と土地造成の痕跡を通じて、私たち歴史考証チームは、土浦邸の成り立ちをより深く理解することができた。ポイントのひとつは、元の土地の高低差をさらに盛り土で大胆に強調することで、螺旋状に連続する立体空間を実現していたこと。そしてもうひとつのポイントは、食堂・居間と前庭の地盤面を揃えたこと。居間と前庭の高低差を抑えるために、土台が腐るリスクを冒してまでテラス面を居間の床に近づけ、大開口のサッシを設けることによって、食堂〜居間〜前庭の水平連続性を強調したと思われる。こうした、垂直性と水平性の関係を正確に再現することが、今回の復原・移築プロジェクトで重要となることを、チーム全員があらためて認識することとなった。

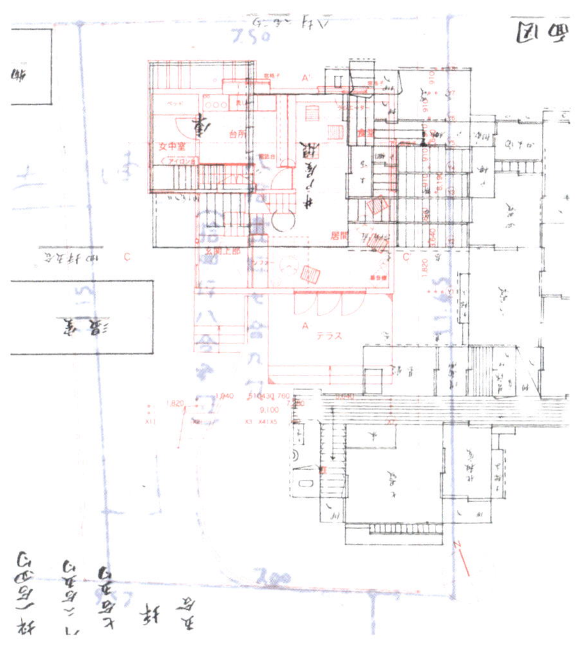

「旧竹内直哉邸」の平面図(江戸東京博物館所蔵)を
土浦邸地階平面図に重ねた様子

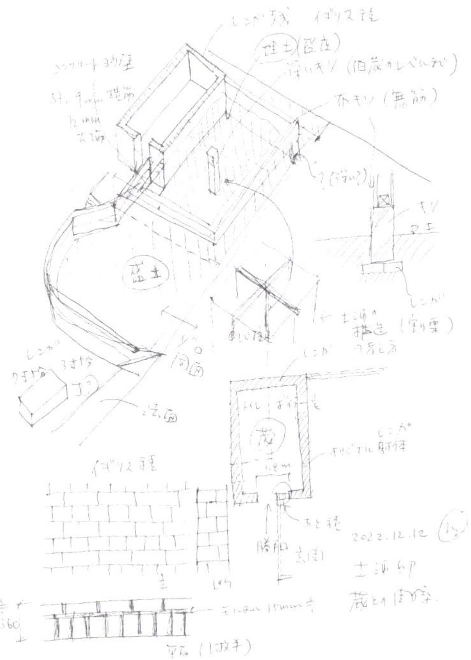

安田幸一氏による土浦邸と蔵の関係のスケッチ

左:地下浴室天窓の下に見えていた煉瓦の壁
中:解体時に露わになった古い蔵の基礎部分と見られる煉瓦躯体
右:食堂と居間の床を支えていた束石。旧竹内邸で使われていたであろう大谷石などの古材が再利用されていた

現状変更

2023年（令和5年）秋から移築先である東京・南青山で始まる復原工事を前に、文化財の現状変更許可申請を行った。文化財における「現状」とは文化財指定時の姿であり、土浦邸で言えば増築部分も含まれるため、創建時の姿に戻す今回の復原は現状変更となり許可申請が必要であった。

解体された土浦邸の部材は、一時保管場所において点検と修理が行われた。解体調査とこの部材点検により、当初見込みよりも多くの部材が再利用できることが判明した。そして内部壁天井のテックス、床フローリング、造り付け家具や階段、木製扉と建具金物、外周建具（木製建具、鋼製建具）といった、土浦邸の意匠を構成する要素は極力再利用することとなった。また、玄関・外部のモザイクタイルは採取したものを玄関に集約して再利用し、浴室壁のタイルは一部をラス下地ごと切り出して再利用することとなった。

構造部材については安全性に関わるため、腐朽や欠損のある部材はすべて新材に交換することになったが、土浦邸の特徴のひとつである接合部補強金物はすべて再利用し、原位置に取り付けることとなった。

左：保管場所に運び込まれた部材。部材は全て番付されている
右上：木材腐朽菌によりスポンジ状になっていた柱／右下：再利用できない部材も全て撮影し、記録している

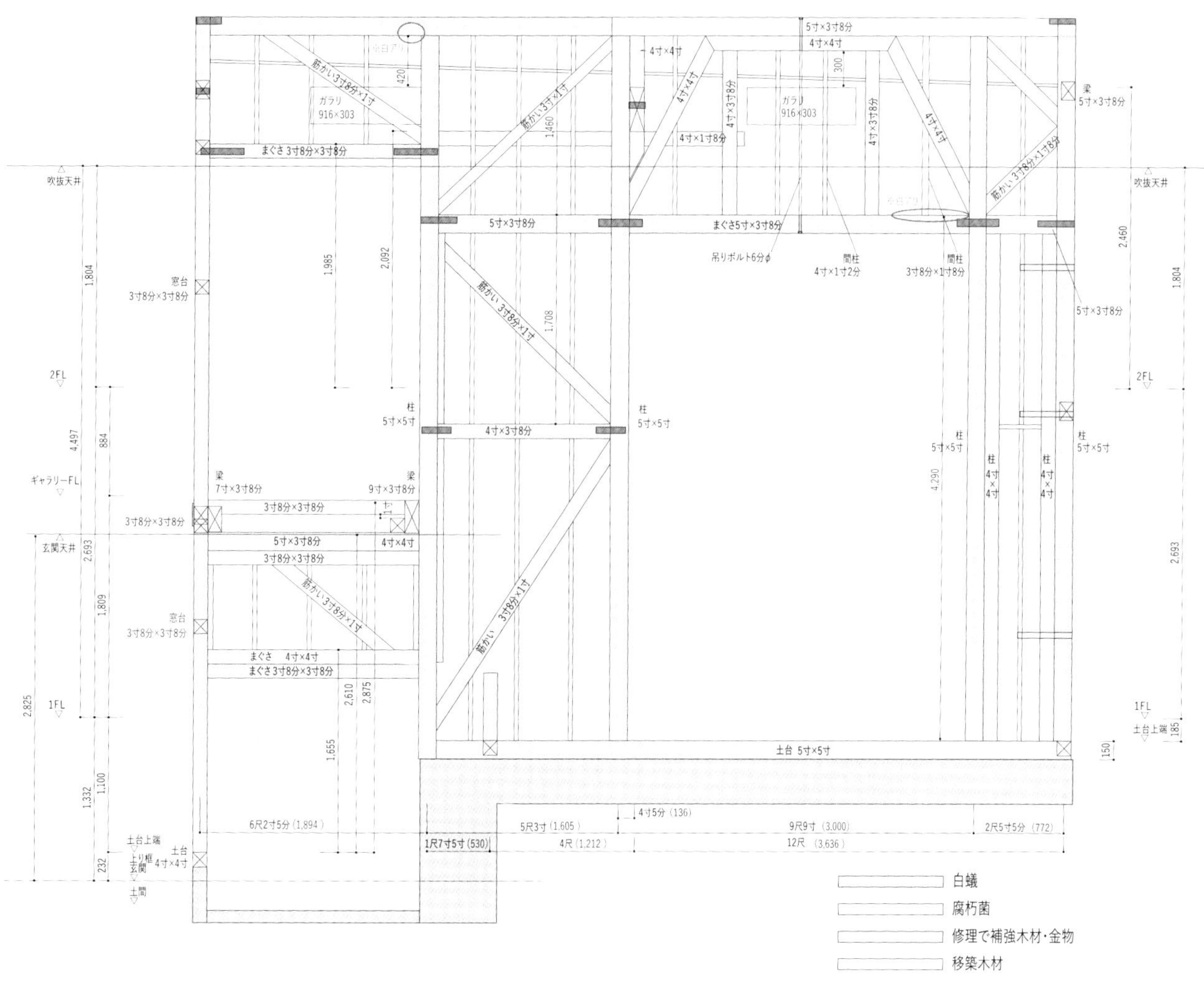

復原・移築工事前の軸組図　縮尺1/60

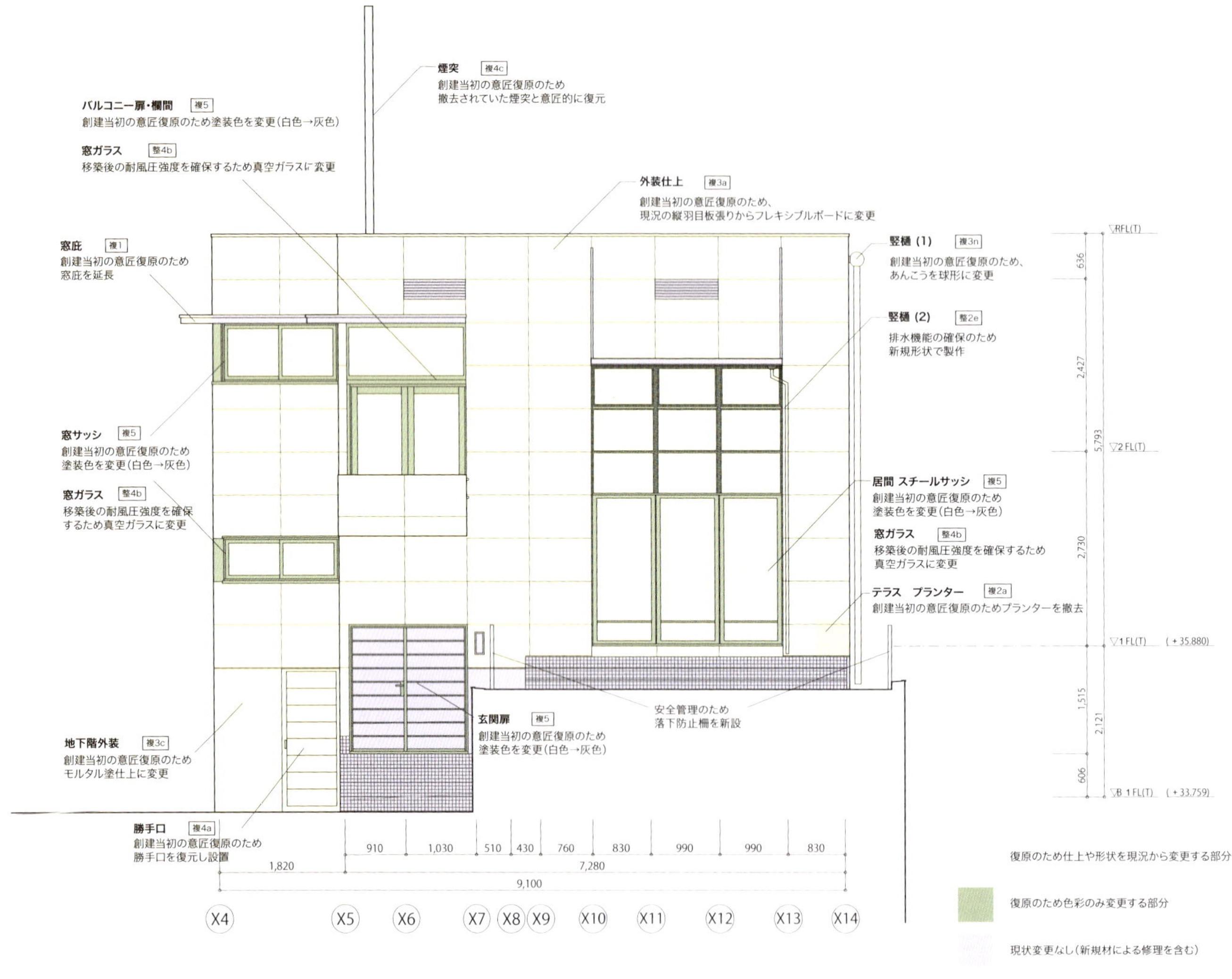
煙突 複4c
創建当初の意匠復原のため
撤去されていた煙突と意匠的に復元
バルコニー扉・欄間 複5
創建当初の意匠復原のため塗装色を変更(白色→灰色)
窓ガラス 整4b
移築後の耐風圧強度を確保するため真空ガラスに変更
外装仕上 複3a
創建当初の意匠復原のため、
現況の縦羽目板張りからフレキシブルボードに変更
窓庇 複1
創建当初の意匠復原のため
窓庇を延長
竪樋(1) 複3n
創建当初の意匠復原のため、
あんこうを球形に変更
竪樋(2) 整2e
排水機能の確保のため
新規形状で製作
窓サッシ 複5
創建当初の意匠復原のため
塗装色を変更(白色→灰色)
窓ガラス 整4b
移築後の耐風圧強度を確保
するため真空ガラスに変更
居間 スチールサッシ 複5
創建当初の意匠復原のため
塗装色を変更(白色→灰色)
窓ガラス 整4b
移築後の耐風圧強度を確保するため
真空ガラスに変更
テラス プランター 複2a
創建当初の意匠復原のためプランターを撤去
安全管理のため
落下防止柵を新設
玄関扉 複5
創建当初の意匠復原のため
塗装色を変更(白色→灰色)
地下階外装 複3c
創建当初の意匠復原のため
モルタル塗仕上に変更
勝手口 複4a
創建当初の意匠復原のため
勝手口を復元し設置
▽RFL(T)
636
2,427
5,793
▽2 FL(T)
2,730
▽1 FL(T) (+35.880)
1,515
2,121
606
▽B 1 FL(T) (+33.759)
910
1,030
510
430
760
830
990
990
830
1,820
7,280
9,100
X4
X5
X6
X7
X8
X9
X10
X11
X12
X13
X14
復原のため仕上や形状を現況から変更する部分
復原のため色彩のみ変更する部分
現状変更なし(新規材による修理を含む)

現状変更図の一部

現状変更方針の詳細は以下の通りである。なお、現状変更行為には、改変されている部位をオリジナルの状態に戻す「復原」、空調や防災機器など文化財を活用していくための諸機能を整える「整備」、破損部などの「修理」、不足する構造強度を補う「構造補強」がある。

<復原>

・増築部分や後補部位を撤去する（西側増築部分、後付けの間仕切りや仕上材など）

・改変部位を創建当初に復する（外壁の竪羽目板を撤去しボード乾式張り仕上げに戻す、浴室壁上部の左官仕上げをタイル貼りやガラス間仕切りに戻す、など）

・失われた主要な意匠を復する（地下室勝手口扉、煙突など）

<整備>

・移築による敷地方位の変更（正面が南向き→西向き、束石撤去）

・雨仕舞の改善（防水層の更新、屋根や庇の防水方法の変更、テラスと外壁の縁切りによる土台腐朽防止など）

2022年1月、上大崎における土浦邸、最後の雪景色

・天井暖房蓄熱層の撤去による荷重軽減（但し天井内暖房配管は保存）

・室内空気環境向上（断熱材を籾殻から押出法ポリスチレンフォーム材に置換、真空ガラスの採用、機械空調導入）

・その他設備（照明、コンセント、防災、防犯）や創建時備品類の再現（カーテン、ブラインド、椅子、テーブルなど）

<修理>

・劣化した部材の交換。但し同種材が入手できない場合は意匠の近似した部材を採用（テックス→ビルボード、タイルの復原製作など）

<構造補強>

・耐震性能の確保。外周壁と一部の間仕切壁について、壁体内部に構造用合板を配置し補強

最大の課題は西側増築部の取り扱いであった。土浦邸は竣工の3年後に一旦西側に増築したものの、その後一部減築しているが、この減築箇所を含めた増築部分を復原する上での資料が乏しかった。これに対して、1935年（昭和10年）竣工時の図面や古写真は豊富であり、解体調査においても増築前の部材や塞がれる前の開口部の痕跡などが発見されていた。こうした状況を踏まえて歴史考証チームは、増築部を撤去して創建時の外形に復することは十分可能であり、これは土浦邸の特徴がより顕著となり、指定文化財としての価値を高めることに資すると判断した。

土浦邸は増築部が残された状態で文化財指定されており、「残された増築部」も指定文化財の一部であった。文化財は現状に対して指定されるものであり、現状に至るまでの変遷もまた文化財的価値の一部である。これを認識した上で創建時の姿に復原するという判断は、歴史考証チームにとって大変重いものであった。

土浦亀城邸の工法・素材・ディテール

長沼徹（建築史家）

CONSTRUCTION METHOD, MATERIAL, DETAIL OF THE TSUCHIURA HOUSE

Toru Nagaanuma
(Architectural Historian)

乾式工法と増改築

土浦邸の壁は木造乾式工法でつくられている。この工法は柱や梁による軸組に、規格化した工業材料のボード材を張り付けて組み立てる工法である。
1930年代の欧州では、漆喰やコンクリートのように施工時に水を必要としない鉄骨造の乾式工法が経済的であるという理由から、建築家たちに多く採用された。その源流を辿ると、ドイツのバウハウスにおいて1927年(昭和2年)にヴァルター・グロピウスが提案したトロッケン・モンタージュ・バウ(trocken-montage-bau／乾式組立工法)にある。
鉄骨造の乾式工法は、日本で実践されるにあたって技術的な課題から木造乾式工法へと変わる。この工法に挑戦した当時の日本の建築家たちは、日本の気候や生活と適合させるという共通の試みに取り組み、さらにそこからボードの留め付け方やモジュール、そして仕上げなどに各々の意匠を組み込んでいった。これにより日本の木造乾式工法は独自の発展を遂げていったのである。

トロッケン・モンタージュ・バウの事例

土浦邸が竣工した1935年(昭和10年)頃は、国産ボード材がまだ十分な性能を有していないなど、木造乾式工法は技術的に発展途上であった。このため土浦邸においても、乾式で施工することができなかった陸屋根にはコンクリートが用いられていた。
当時、木造乾式工法住宅は定期的なメンテナンスや部材の更新を前提としており、建築としての寿命は比較的短かったと考えられる。事実、現存する例は大変貴重である。

1930年代にわが国でつくられた木造乾式工法による住宅例。土浦亀城と蔵田周忠は、乾式工法住宅を多く手掛けた建築家として知られている
左:「俵邸」(1931年／土浦亀城設計)／中:「市浦邸」(1931年／市浦健設計)／右:「古仁所邸」(1936年／蔵田周忠設計)

土浦邸ではボード材を縦2尺×横3尺のモジュールに統一し、これによって窓枠の大きさや配置が規定されており、建物の外観や内部空間のデザインに秩序が与えられている。土浦は意匠的な表現としても取り入れたこのモジュールを、乾式工法住宅で共通して用いており、自邸である土浦邸から日本の近代的な新しい生活を実現しようとしていた。

土浦は乾式工法について、モジュールに合わせて増改築が容易であることを利点として挙げており[*16]、実際に土浦邸においても敷地や生活の変化に合わせて、竣工から3年後の1938年（昭和13年）に西側に増築を、1970年（昭和45年）頃には増築部を一部減築している。

今回の復原・移築では、構造体の健康度を診断する必要があったため、まず大工の手によって内装が丁寧に解体され、創建以降初めて軸部が露わとなった。外装は、戦後に石綿スレート板から竪板羽目張りに変更されていたが、解体調査中に創建時のスレート板の一部を発見し、材料の状態や当時の留め付け方が確認された。外壁周りの軸部や土台は腐朽が進んでおり再利用に耐えなかったため、元の部材寸法をできる限り維持して新規材に取り替えを行った。それに加えて、創建当初の意匠復原を実現するため、当時の壁の厚みと軸組の配置を守りながら、現代の耐震性能や断熱性能を確保するような壁体内のディテールを設計した。

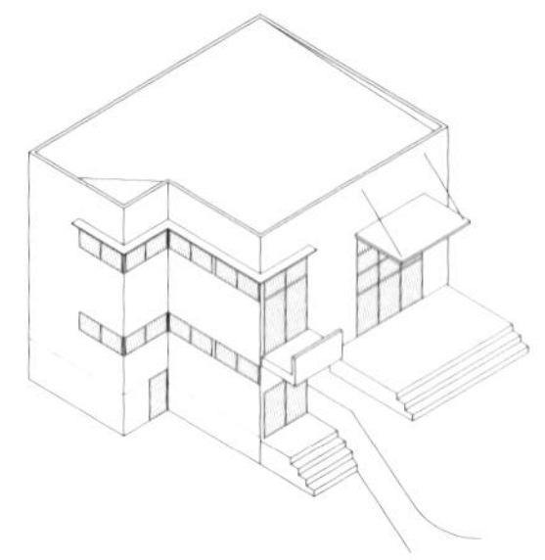

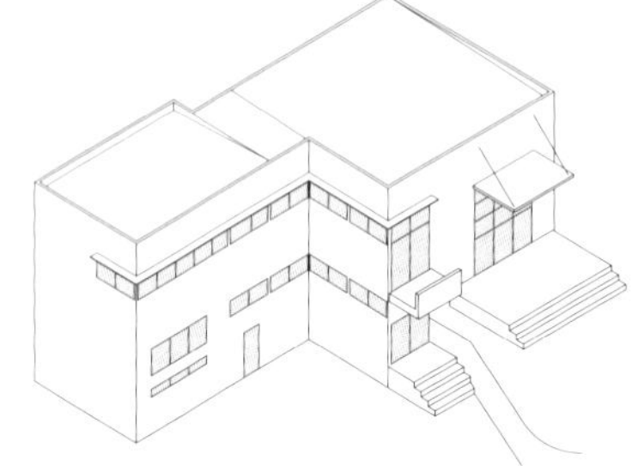

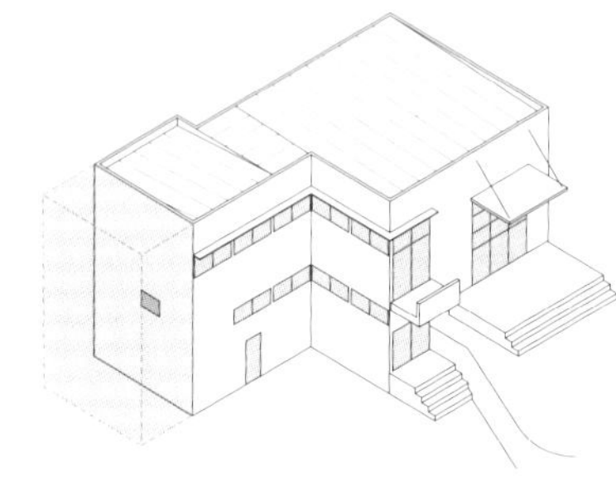

1935年

屋根：アスファルトルーフィング
外装：石綿スレート板

1938年　増築

屋根：アスファルトルーフィング
（増築部：詳細不明）
外装：石綿スレート板

戦後　改修

屋根：カラー鋼板

外装：竪板羽目張り

1970年頃　減築

屋根：カラー鋼板

外装：竪板羽目張り

増減築による土浦邸の変遷

創建時

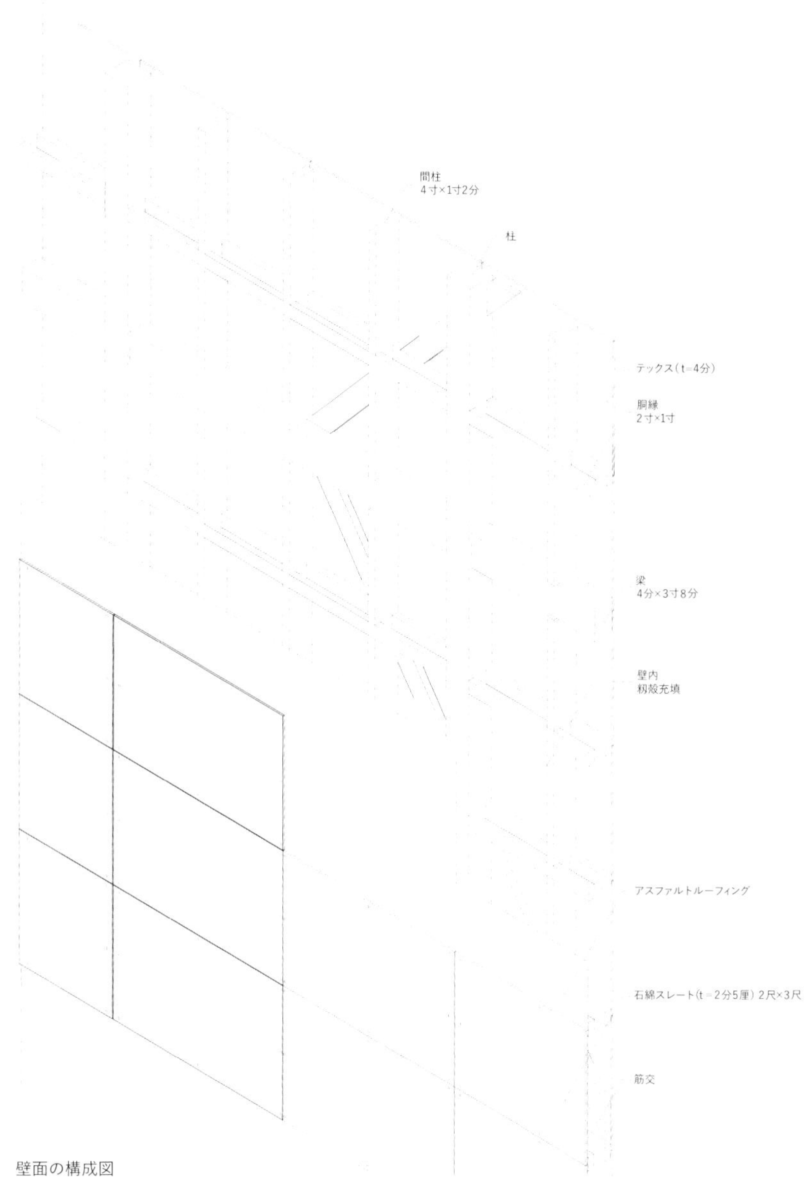

間柱
4寸×1寸2分
柱
テックス（t=4分）
胴縁
2寸×1寸
梁
4分×3寸8分
壁内
籾殻充填
アスファルトルーフィング
石綿スレート（t=2分5厘）2尺×3尺
筋交

壁面の構成図

創建時

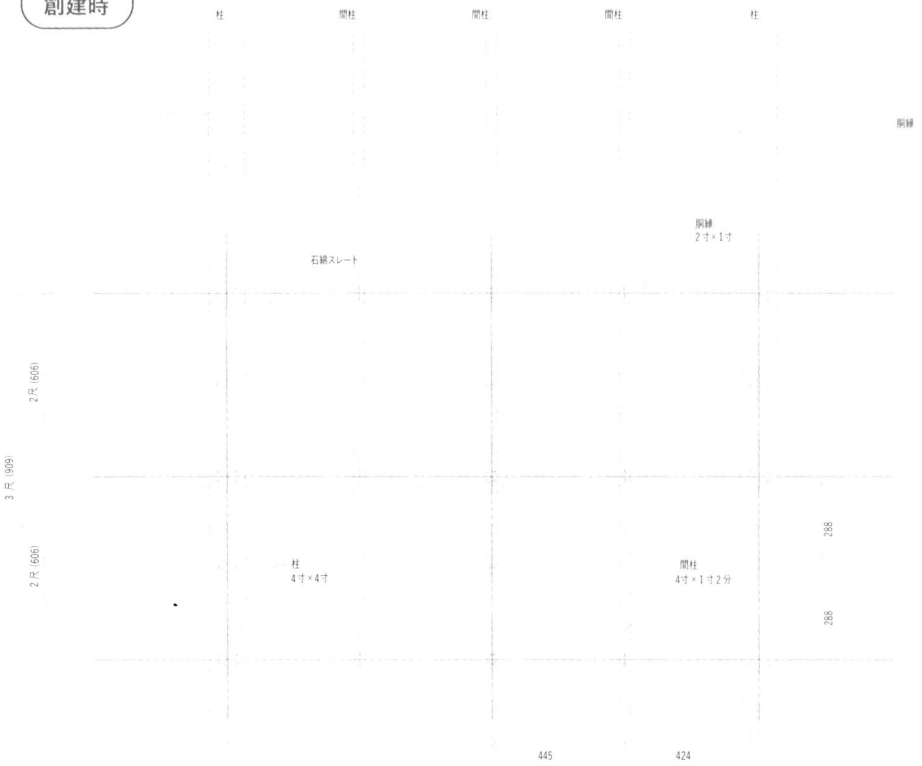

柱
間柱
間柱
間柱
柱
胴縁
胴縁
2寸×1寸
石綿スレート
2尺 (606)
3尺 (909)
2尺 (606)
柱
4寸×4寸
間柱
4寸×1寸2分
288
288
445
424

外壁展開図　縮尺1/25

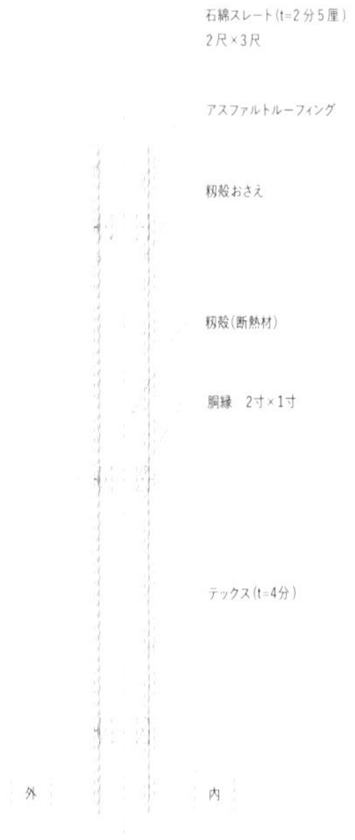

石綿スレート (t=2分5厘)
2尺×3尺
アスファルトルーフィング
籾殻おさえ
籾殻(断熱材)
胴縁　2寸×1寸
テックス (t=4分)
外
内

断面図　縮尺1/25

内
テックス
(t=4分)
実付
パテツメ
目地1分以内
籾殻おさえ
間柱　4寸×1寸2分
籾殻
柱
4寸×4寸
140.8
3尺 (909)
3尺 (909)
外
胴縁　2寸×1寸
胴縁　2寸×1寸
アスファルトルーフィング
石綿スレート (t=2分5厘)

平面図　縮尺1/25

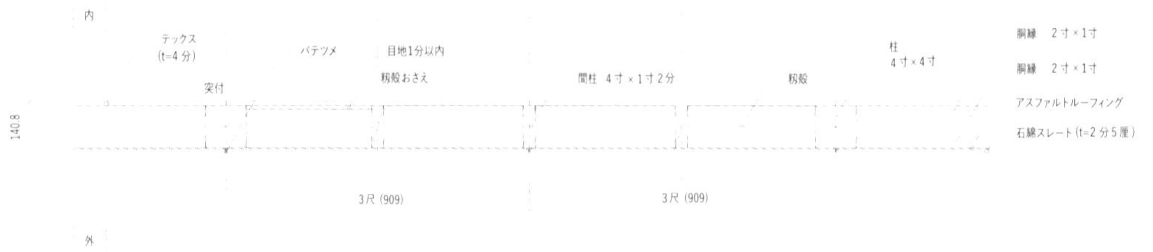

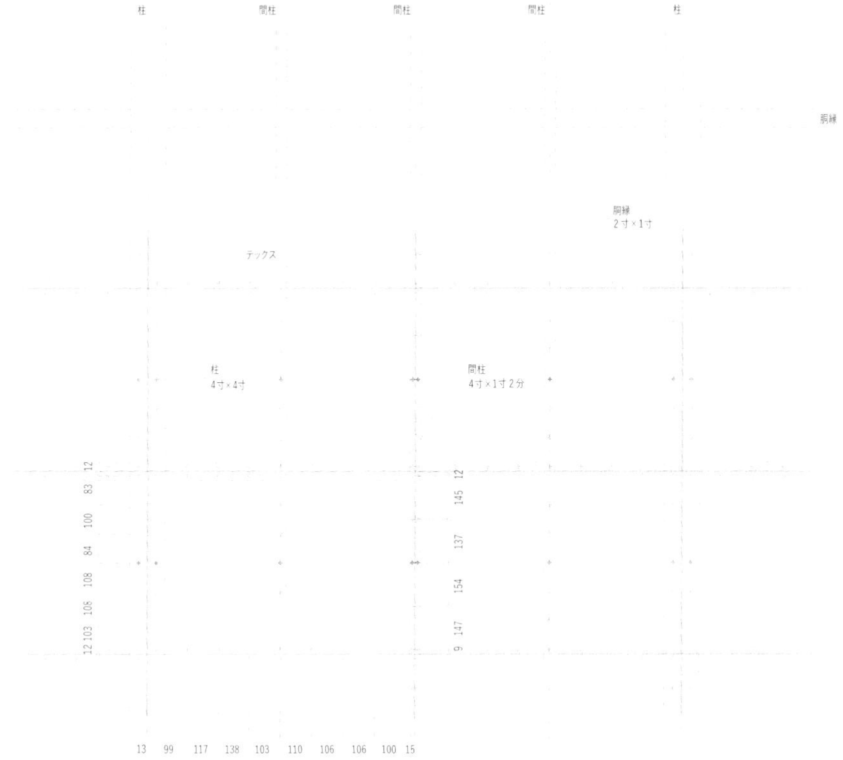

内壁展開図　縮尺1/25

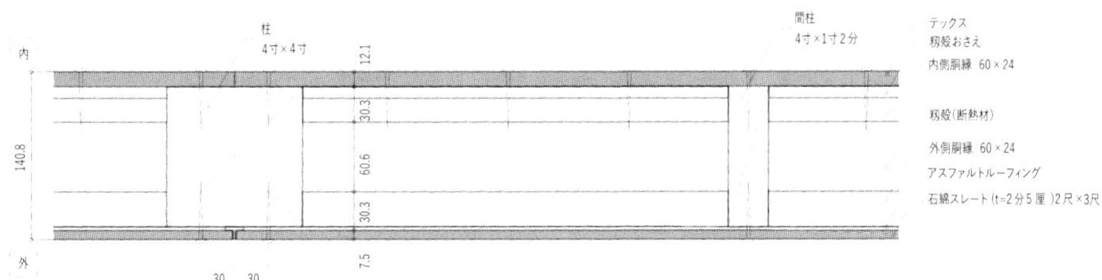

平面詳細図　縮尺1/8

復原時

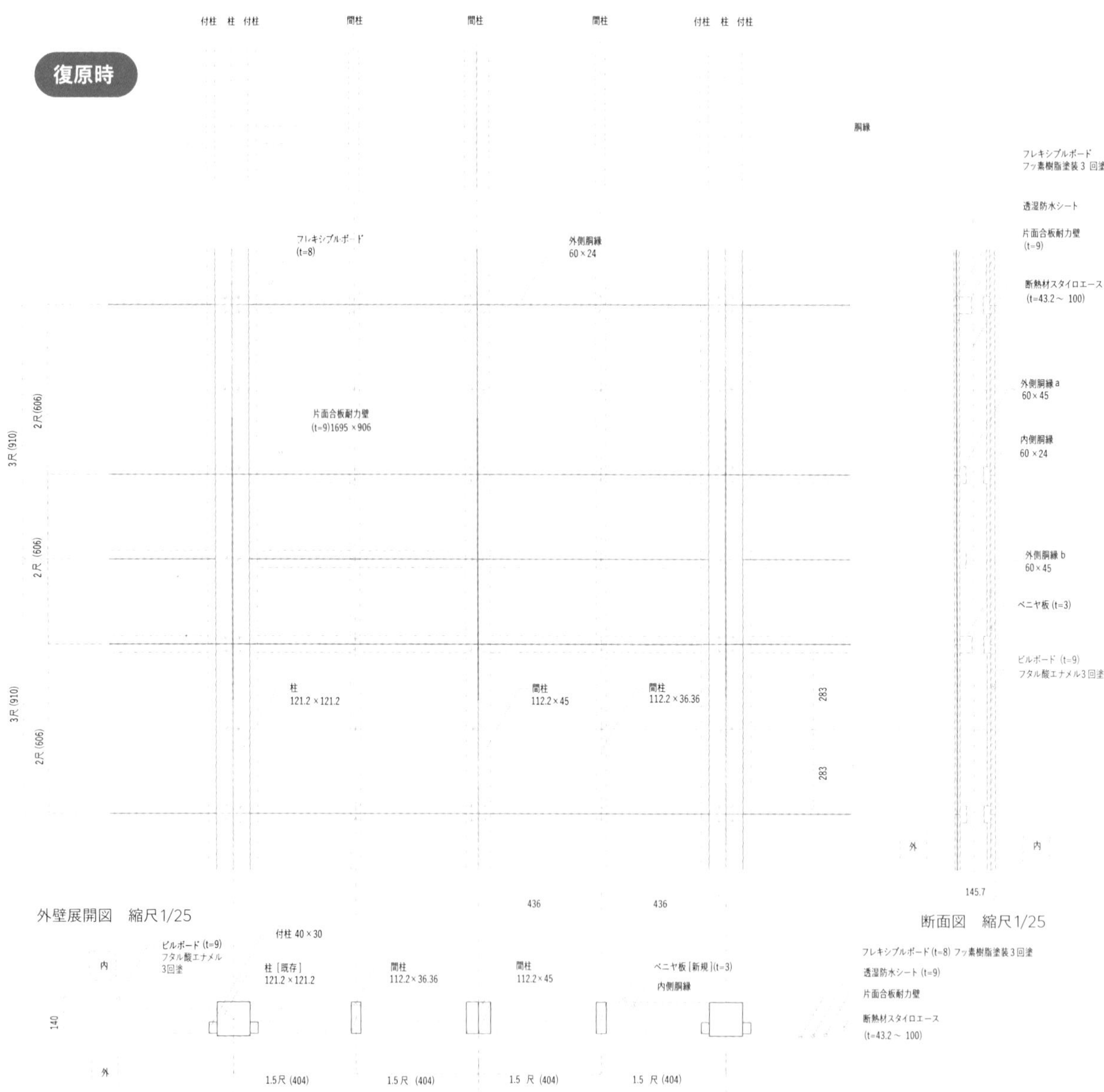

外壁展開図　縮尺1/25

断面図　縮尺1/25

平面図　縮尺1/25

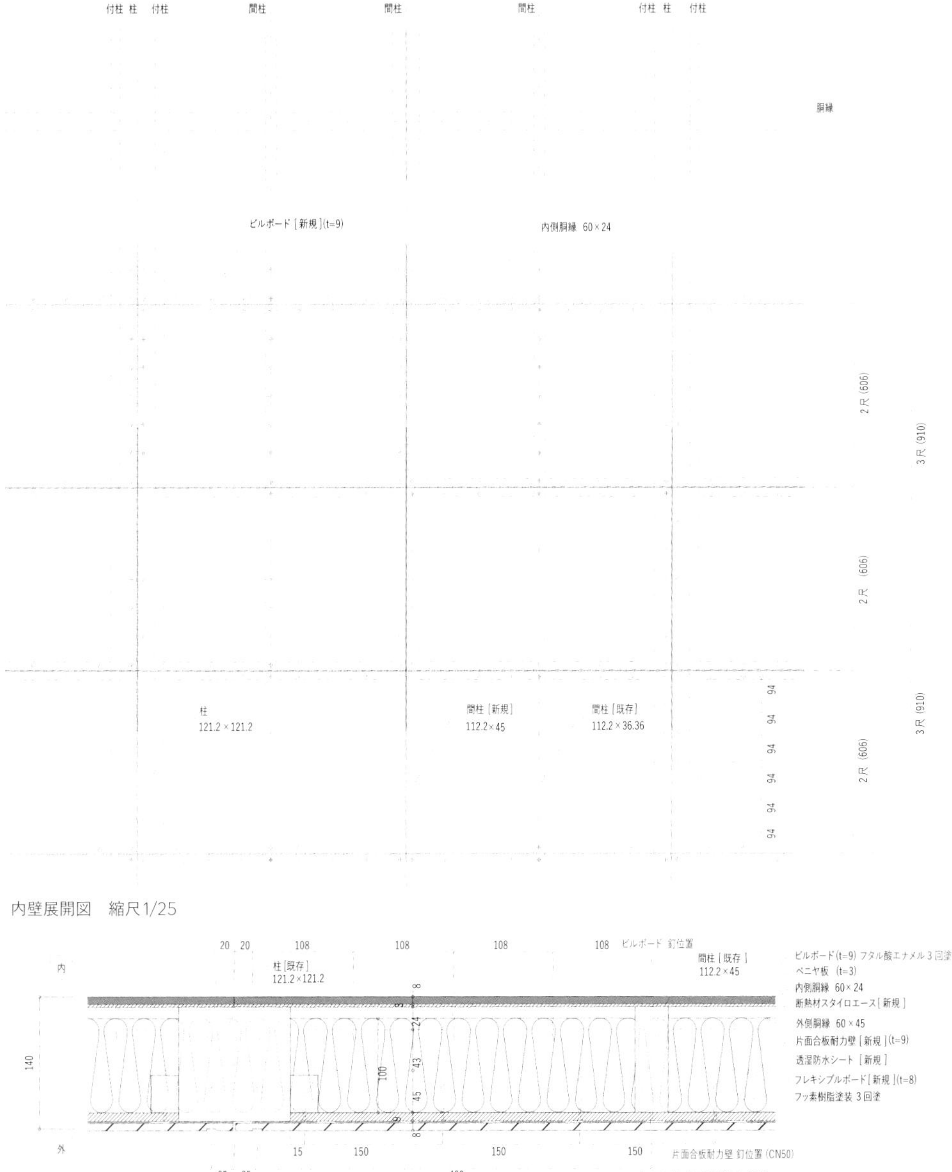

付柱 柱 付柱
間柱
間柱
間柱
付柱 柱 付柱
胴縁
ビルボード［新規］(t=9)
内側胴縁 60×24
2尺 (606)
3尺 (910)
2尺 (606)
柱
121.2×121.2
間柱［新規］
112.2×45
間柱［既存］
112.2×36.36
94
94
94
94
94
94
3尺 (910)
2尺 (606)
20 20 108 108 108 108 ビルボード 釘位置
内
柱［既存］
121.2×121.2
間柱［既存］
112.2×45
ビルボード(t=9) フタル酸エナメル 3 回塗
ベニヤ板 (t=3)
内側胴縁 60×24
断熱材スタイロエース［新規］
外側胴縁 60×45
片面合板耐力壁［新規］(t=9)
透湿防水シート［新規］
フレキシブルボード［新規］(t=8)
フッ素樹脂塗装 3 回塗
140
100
8
3
24
43
45
9
8
外
15 150 150 150 片面合板耐力壁 釘位置 (CN50)
25 25 430 フレキシブルボード 釘位置(ビス M4)

内壁展開図　縮尺1/25

平面詳細図　縮尺1/8

復原時

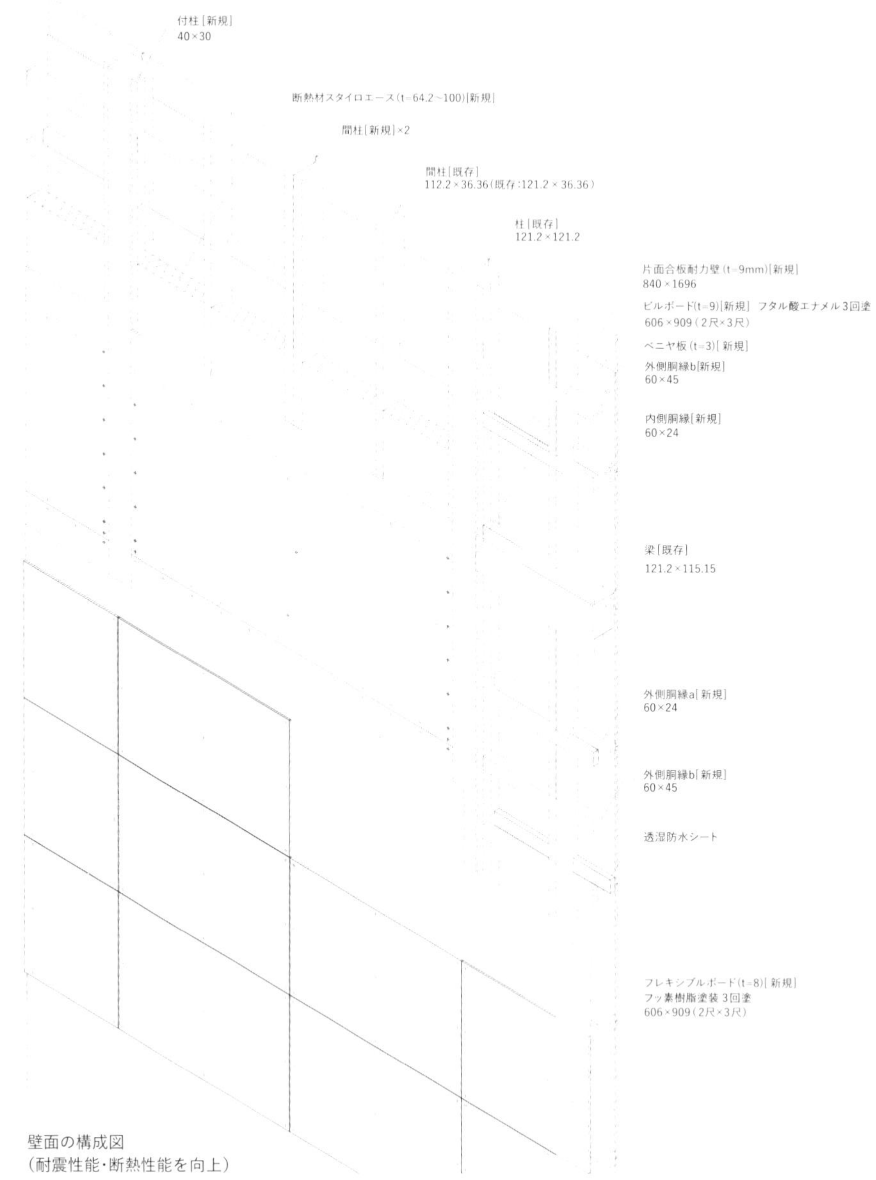
付柱［新規］
40×30
断熱材スタイロエース（t=64.2〜100）［新規］
間柱［新規］×2
間柱［既存］
112.2×36.36（既存：121.2×36.36）
柱［既存］
121.2×121.2
片面合板耐力壁（t=9mm）［新規］
840×1696
ビルボード（t=9）［新規］ フタル酸エナメル3回塗
606×909（2尺×3尺）
ベニヤ板（t=3）［新規］
外側胴縁b［新規］
60×45
内側胴縁［新規］
60×24
梁［既存］
121.2×115.15
外側胴縁a［新規］
60×24
外側胴縁b［新規］
60×45
透湿防水シート
フレキシブルボード（t=8）［新規］
フッ素樹脂塗装3回塗
606×909（2尺×3尺）

壁面の構成図
（耐震性能・断熱性能を向上）

Drywall Construction, Extension and Remodeling

The Tsuchiura House is of drywall construction, a method based on a post-and-beam framework to which standardized industrial board materials are attached.

In Europe in the 1930s, architects adopted a steel-frame drywall construction method, because it was economical and did not require water during construction like plaster or concrete. The origin of this method can be traced back to the *Trocken Montagebau* (prefabricated drywall construction) proposed by Walter Gropius in 1927 at the Bauhaus in Germany.

The steel-frame drywall construction method was replaced by the wooden-frame drywall construction method due to technical challenges when it was put into practice in Japan. Japanese architects who attempted this method at the time shared the common challenge of adapting it to the Japanese climate and lifestyle, and then incorporated their own designs in the panel fastening, modules, and finishes. This led to the development of a unique Japanese wooden-frame drywall construction method.

When the Tsuchiura House was completed in 1935, the method was still in its technological infancy, since domestic panel materials did not yet supply sufficient performance. For this reason, concrete was used for the flat roof of the house, which could not be constructed using the drywall method.

At that time, wooden-frame drywall houses were required periodic maintenance and renewal of components, and their life span as buildings is considered to have been relatively short. In fact, surviving examples are very rare.

In the Tsuchiura House, the 2 x 3 *shaku* (60.6 x 90.9 cm) module is applied to all the panel materials. This module defines the size and arrangement of window frames and gives order to the design of the building's façade and interior spaces. Tsuchiura commonly used this module, which he also incorporated as a design expression in the other drywall-construction houses he designed, as he attempted to set an example for a new, modern Japanese lifestyle with his own residence, the Tsuchiura House.

Tsuchiura mentioned that one advantage of the drywall construction method was the ease of expansion and remodeling in accordance with the module. In fact, in 1938, three years after the completion of his own house, an extension was built on the west side, and around 1970, a portion of the extension was reduced to accommodate changes in the site and lifestyle.

In this Tsuchiura House preservation, restoration and relocation project, it was necessary to diagnose the health of the structure, so the interior was first carefully disassembled by carpenters, exposing the frame for the first time since the building's completion. The exterior had been replaced with vertical wood panels from asbestos slate panels after the war, but during the survey during and after the disassembly, a portion of the original slate panel was discovered, and we could confirm the condition of the materials and the way they were fastened in the original construction. The frame and foundations around the exterior walls were too decayed to be reused, so they were replaced with new materials while maintaining the original dimensions as closely as possible. In addition, in order to restore the original design, we updated the detail designs inside the walls to meet today's earthquake resistance and thermal insulation performance standards, while maintaining the original design details including the thickness of the walls and the layout of the frame of the original construction.

仕上材

乾式工法においては、それまで住宅で用いられることが少なかったボード材で壁面をつくるため、その表現は近代的な生活を営む空間のイメージと深い関わりがあった。建築家たちは新しい工業材料に新しい住宅の根拠を見出しつつ、経済的・衛生的で能率的な暮らしを求めて、それらをいかに仕上げるのかを設計の要点とした。

土浦邸は、土浦亀城・信子夫妻の米国での経験から、全室を椅子座式として和室が存在しない。

居間や食堂、寝室の仕上材として、壁にはテックス、床には楢材のフローリングが用いられていた。

ボード材はその機能性から、外装にはセメントとアスベストによる石綿スレート板、内装には吸音・断熱性能を見込んで植物性繊維板のテックスが採用されていた。

左:創建時の土浦邸。2階から見下ろす／右上:復原・移築時のフローリング材の検討。創建時のフローリングは楢材であるが、復原に際しては創建時と同様の木目表現（虎斑）を優先して、1階を中心とした新規材使用部分にオーク材を採用している
右下:復原時の壁体のモックアップ

DAVID SMITH

水回りの部屋には白色タイルを使用するなど、部屋の機能に応じて素材が統一的に用いられている。
さらに、建築家の自邸という自由度を生かして、テックス以外にも実験的な仕上材が複数用いられていたことがわかった。例えば、台所の流しは当時ステンレスでの施工が難しかったため、板金屋が加工できるアルミで実現していた他、地下の天井には木毛セメント板が用いられていた。こうした実験的な素材は、主に台所、浴室などの裏動線の部屋に多く採用されており、客人に見せない意識が徹底されていた。このように土浦邸は、居間のように統一性の高い空間と、設計者の試行に溢れる空間が共存する住宅である。

創建時の水回り。今回の復原・移築において、
台所の流し部分は、復原前に使われていたステンレス製の流しと
水栓を保存しており、創建時とは異なる

復原・移築後の浴室。
天井は木毛セメント板が用いられている

Finishing Materials

In the drywall construction method, walls were constructed with panels, which had rarely been used in houses before, and its expression was deeply associated with the image of modern living. While architects found the basis for new housing in new industrial materials, the main point of their designs was how to use these materials for finishing in pursuit of economical, sanitary, and efficient living.

Based on Kameki and Nobuko Tsuchiura's experiences in the United States, all the rooms in the Tsuchiura House were built for a lifestyle with tables and chairs, and there was no Japanese-style room.

As finishing materials for the living room, dining room, and bedrooms, Tex panels were used for the walls and oak flooring for the floors.

Because of their functionality, the exterior walls were finished with asbestos slate panels made of cement and asbestos, and the interior walls were finished with Tex panels made of vegetable fibers for their sound-absorption and heat-insulation properties.

Materials were used in a uniform manner according to the function of each room. For example, white tiles were used in the kitchen and bathroom.

Furthermore, it was found that several experimental finishing materials were used in addition to Tex panels, taking advantage of the freedom of the architect's own residence. For example, the kitchen sink was made of aluminum, which could be made by a sheet metal shop, because a stainless steel sink was too difficult to construct on-site at the time, and wood-fiber cement boards were used for the basement ceiling. These experimental materials were mainly used in the rooms for housework, such as kitchen and bathroom, and there was a thorough awareness of not showing them to guests. Thus, the Tsuchiura House is a house in which spaces with a strong sense of unity, like the living room, coexist with other spaces full of the designers' experimentation.

色彩

土浦邸が発表された1935年（昭和10年）当時の雑誌は、白黒印刷であり、写真もそれほど鮮明でなかったことから、仕上げと色などを含めた実際の空間の印象は、解説文によって補足されていた。加えて、土浦邸では度重なる増改築と修理によって塗装が重ねられ、創建当初の空間とは異なる意匠となっていた。
復原にあたっては、創建時がどのような色彩・配色であったのか、土浦亀城が記した「淡いグレー」とはどのような色だったのかなど、オリジナルの意匠を特定・評価することが必要であった。このため、解体工事の前に内外装材の擦り出し調査を実施している。

この調査では塗装面を紙ヤスリで丁寧に円形に削り取り、塗装履歴を年輪のように析出させ、各層の色彩を計測して評価を行った。この調査を壁、天井、建具、造作家具の計100カ所を超える部分で実施し、当時の色彩を推定した。
調査の結果、居間を中心として玄関から寝室、書斎に繋がる連続的な空間は、部位ごとに濃淡の異なる2色のグレーで塗装されたモノトーンの空間に、鮮やかな色彩のカーテンや絨毯が配されていたことが判明した。建築が「地」に徹するような淡い色彩表現は同時代のモダニズム住宅でも珍しく、建築は背景となり住人や客人の装いが空間の主役になるように意図した、土浦亀城独自の表現である。

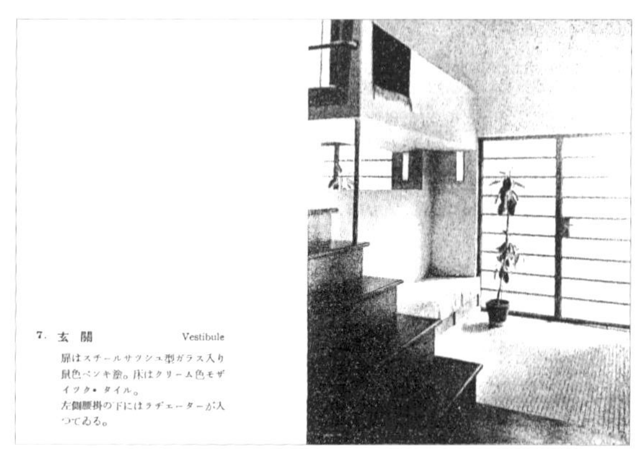
7. 玄 關　Vestibule
扉はスチールサッシュ型ガラス入り鼠色ペンキ塗。床はクリーム色モザイック・タイル。
左側腰掛の下にはラヂエーターが入つてゐる。

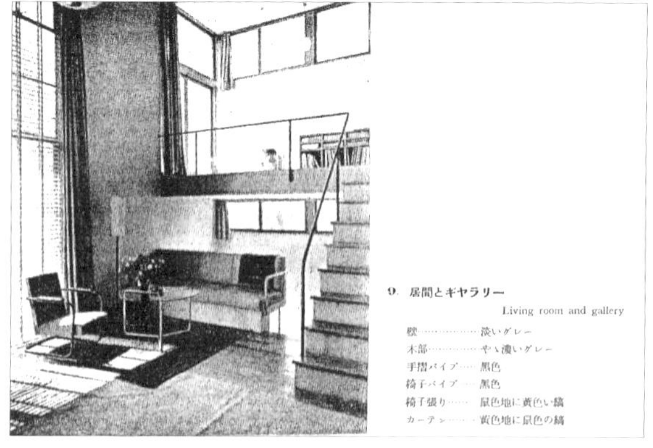
9. 居間とギヤラリー
Living room and gallery
壁……………淡いグレー
木部…………やゝ濃いグレー
手摺パイプ……黒色
椅子パイプ……黒色
椅子張り……鼠色地に黄色い縞
カーテン……黄色地に鼠色の縞

『新建築』1935年3月号に掲載された土浦邸。写真キャプションに仕上げや色が記載されている

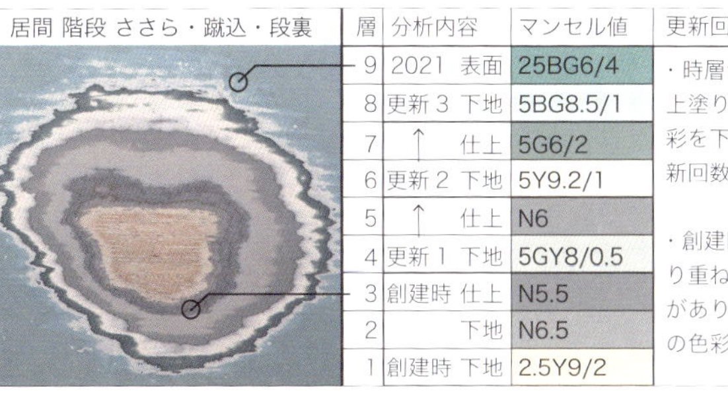

居間 階段 ささら・蹴込・段裏	層	分析内容	マンセル値	更新回数の判断基準
	9	2021 表面	25BG6/4	・時層色環において、上塗りに対し、薄い色彩を下地と判断し、更新回数を推定する
	8	更新 3 下地	5BG8.5/1	
	7	↑ 仕上	5G6/2	
	6	更新 2 下地	5Y9.2/1	
	5	↑ 仕上	N6	
	4	更新 1 下地	5GY8/0.5	・創建時の塗装は、塗り重ねて仕上げた形跡があり、考慮して仕上の色彩を推定する
	3	創建時 仕上	N5.5	
	2	下地	N6.5	
	1	創建時 下地	2.5Y9/2	

上:擦り出し作業の様子／下左:色彩計測の様子／下右:時層色環における塗装の更新回数の判断例

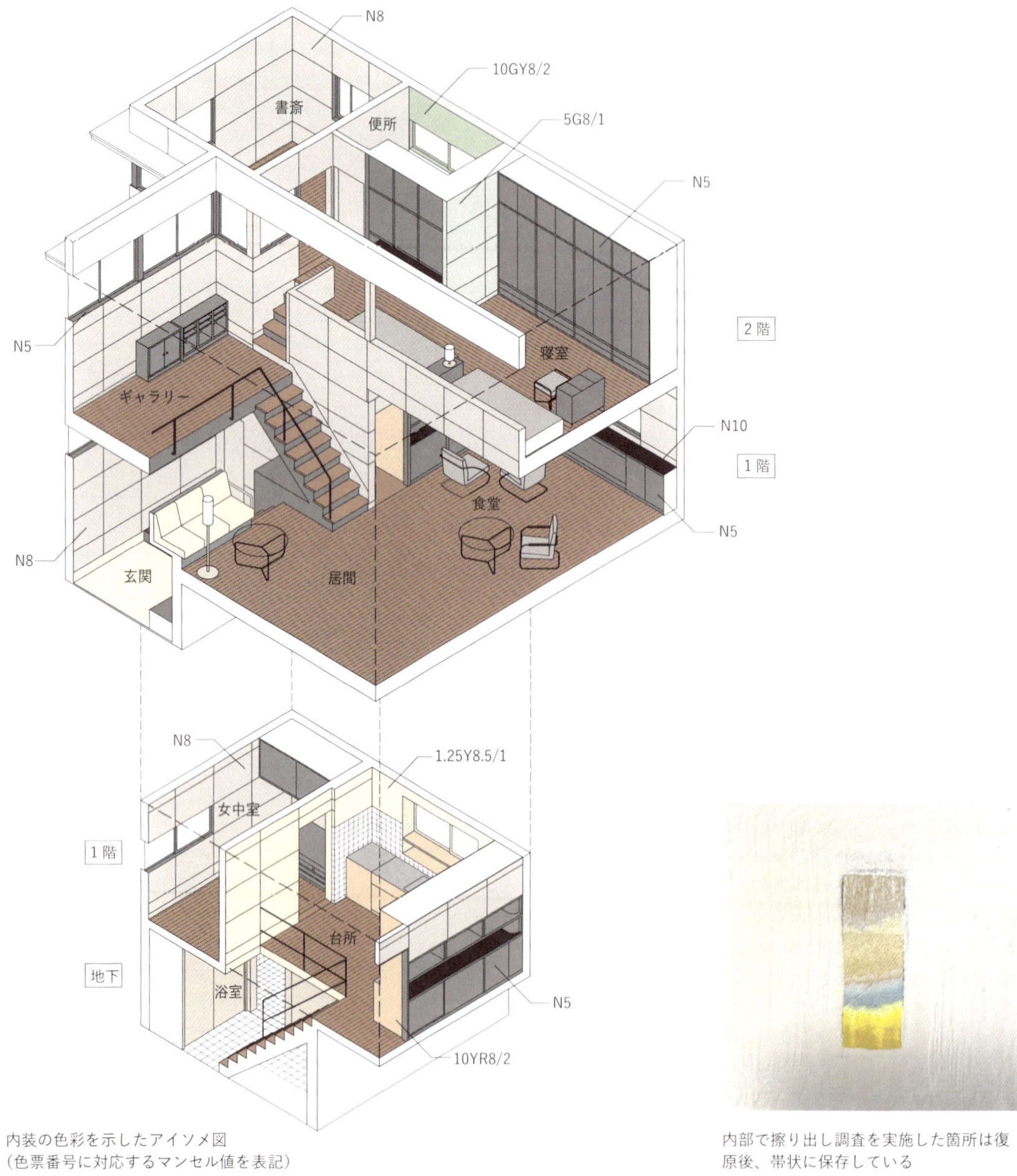

内装の色彩を示したアイソメ図
(色票番号に対応するマンセル値を表記)

内部で擦り出し調査を実施した箇所は復原後、帯状に保存している

Colors

Magazines which featured the Tsuchiura House in 1935 were printed in black and white and the photographs were not so clear, so the actual impression of the space, including the finishes and colors, was explained in the texts. In addition, over the years, the house had been painted over and over due to repeated extensions and remodeling, resulting in a design that was different from the space of its original construction.

In order to preserve and restore the building, it was necessary to identify and evaluate the original design, such as what colors and color schemes were used when the building was built, and what kind of color the "pale gray" described by Tsuchiura Kameki actually was. For this reason, a scraping survey of the interior and exterior materials was conducted prior to disassembly.

In the survey, the painted surfaces were carefully scraped in a circular pattern with sandpaper to reveal the painting history like an annual ring, and the color of each layer was measured and evaluated. The survey was conducted at over 100 locations on walls, ceilings, fixtures, and built-in furniture to confirm the original colors.

The survey revealed that the continuous space centering on the living room from the entrance to the bedroom and study was a monotone space painted in two different shades of gray for each section, with brightly colored curtains and carpets. The use of pale colors, by which the architecture is subdued as the "ground" of the space, is rare even among modern houses of the same period. It is a unique expression of the Tsuchiuras who intended the architecture to act as the backdrop while the residents and their guests played the leading roles in the space.

パネルヒーティングの実装と挑戦

土浦邸にはパネルヒーティングが設置されていた。これは、温水管を床面や天井に巡らせて、そこにボイラーからの温水を通すことで、面一体を輻射熱で温める備え付けの暖房装置である。現代の床暖房に相当するこの近代的な暖房設備は、ボード材を柱に打ち付けて壁内に空隙ができる乾式工法と相性が良い。

わが国におけるパネルヒーティングは、1930年代には建築家や技術者によって研究と実践が繰り返され、これを導入すべき位置や温水管の巡らせ方、断熱材の納まりなどについて議論が展開されていた。その中でも天井に実装した例は珍しい。土浦邸に設置されたものは、居間天井面に温水管が配置され、その往復路から派生して、各室のラジエータ へと接続される暖房系統であった。これは発表時の図面に残された資料から確認できていたが、今回の復原工事によって初めてその実態が明らかとなった。

その配管は台所を中心に天井裏や壁体内に張り巡らされ、室内空間になるべく露出しないようにデザインと設備の両立が図られていた。

解体工事時に露わになった、土浦邸の居間天井に設置されていたパネルヒーティング

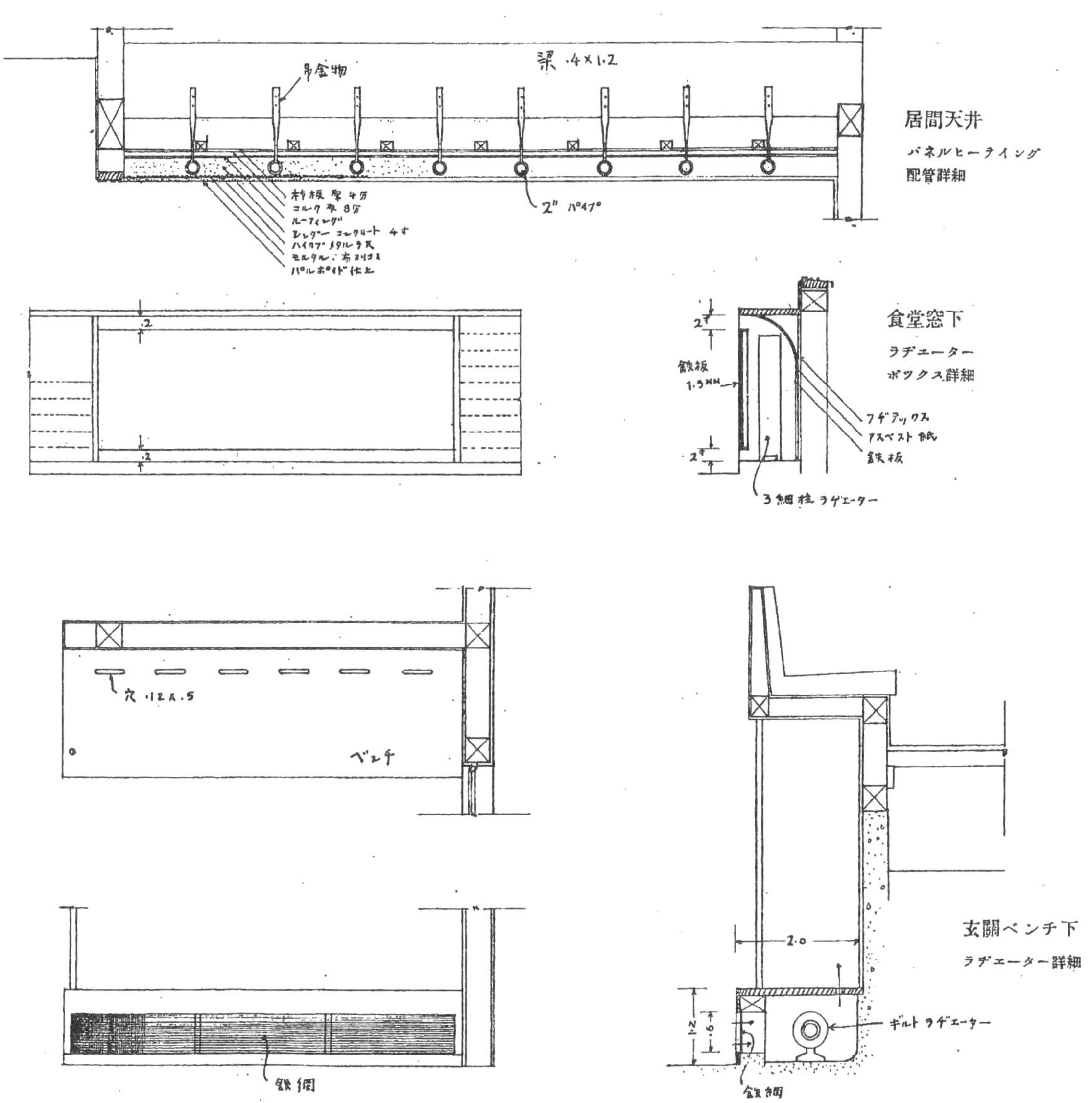

創建時の雑誌に掲載されたパネルヒーティングに関する図

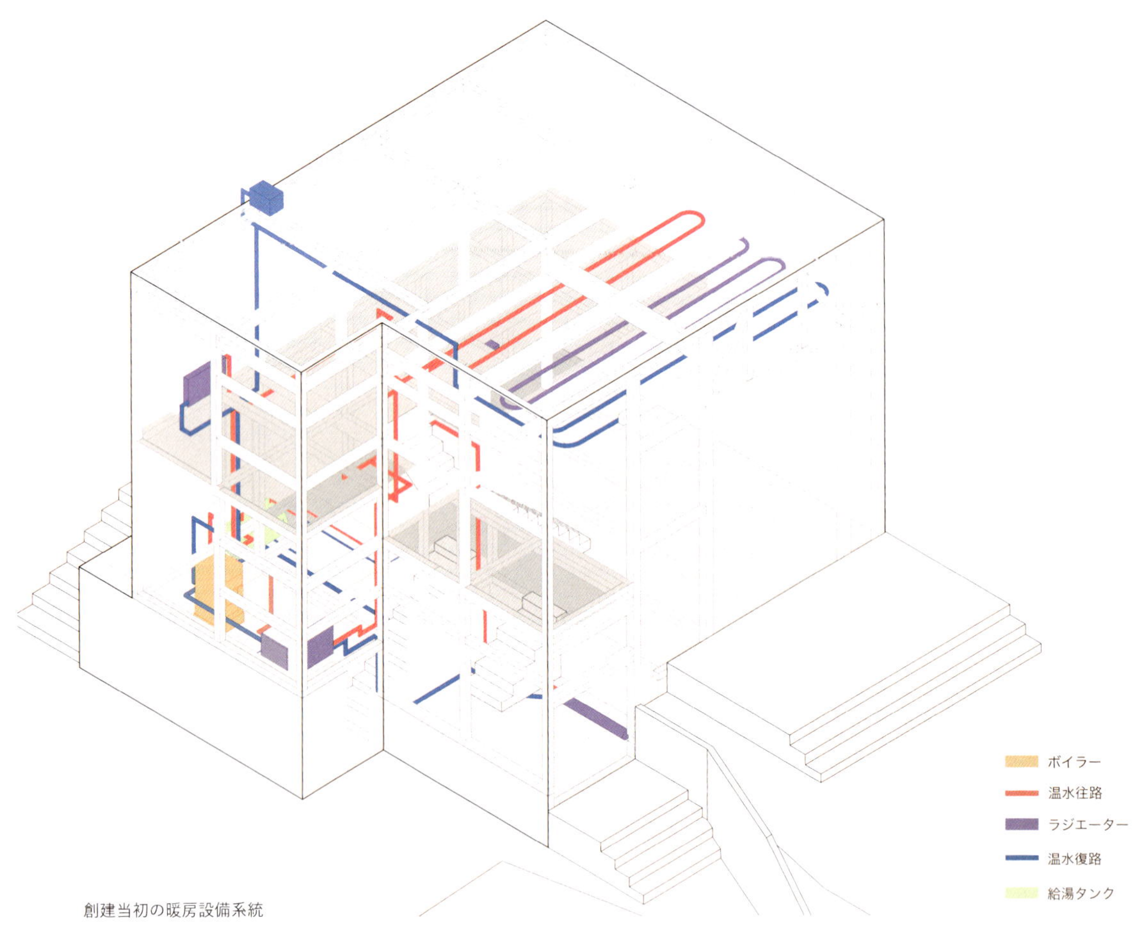

創建当初の暖房設備系統

この暖房の効果について、大きな気積（天井高4.5m）の居間空間に対して、天井から輻射熱を送っても床面付近はほとんど温まらなかったようで、土浦は「それほどの効果はない」と後日語っている*17。

デザイン面では、居間の天井を見上げた際にパネルヒーティングによる平滑な1枚の面があり、その柔らかな面が壁のテックスによるグリッドの線と対比されることで、空間全体を調停・包括するような表現がなされている。土浦邸ではこのような設備の合理性と意匠表現の葛藤が垣間見える。

Challenges in Installing Panel Heating System

A panel heating system was installed in the Tsuchiura House. This is a built-in heating system that warms the entire surface by radiant heat by passing hot water from the boiler through hot water pipes that run along the floor and ceiling. This modern heating system, which is equivalent to today's underfloor heating, works well with the drywall construction, in which boards are fastened to columns to create voids in the walls.

In Japan, the panel heating system had been studied and applied by architects and engineers by the 1930s, and there was much discussion about where it should be installed, how the hot water pipes should be routed, and how the insulation should be installed. Even so, the house was a rare example where the heating system was installed in the ceiling.

The panel heating system installed in the Tsuchiura House had hot water pipes in the ceiling of the living room, with circulating piping connected to radiators in each room. Although this had been confirmed from the documents remaining among the drawings published at the time of the house's completion, the actual condition of the system was revealed for the first time through this restoration work.

The piping was located above the ceiling and inside the walls, especially in the kitchen, and was designed and installed in such a way that it was exposed in the interior space as little as possible.

Regarding the effectiveness of this heating system, Tsuchiura said that it was not that effective, as the living room had such a large air volume (ceiling height of 4.5 m) that it was hardly heated around the floor level even if radiant heat was sent from the ceiling.

In terms of design, when looking up at the ceiling of the living room, there is a single smooth surface created for the panel heating system, and this soft surface is contrasted with the lines of the grid-pattern joints of the Tex panels, creating an expression that mediates and integrates the entire space. In the Tsuchiura House, we can catch a glimpse of this kind of conflict between the rationality of the equipment and the design expression.

鋼管家具・カーテン・ラグマット

わが国において、伝統的家屋からモダニズム住宅へと住環境が変化した時、住まい手が生活面において最も大きな影響を受けた要素が「椅子座式」である。

昭和初期の頃は、土浦邸のように洋室で統一する例もあれば、一部に和室を設けるケースも少なくなかった。土浦が「家具が住宅を完成する」と評しているように[*18]、当時の建築家たちは、近代住宅に欠かせない要素である椅子や棚等の家具を自ら設計することも多く、生活全体をコーディネートする役割にあった。鋼管家具はその典型であり、バウハウスで提案されたデザインを参照して、日本の材料と技術の下、試行錯誤を繰り返しながら設計が重ねられていた。

土浦邸にも、土浦がデザインした鋼管家具が設置されていた。これらは空間の過ごし方に合わせて異なる形状、意匠が与えられていた。椅子については、居間と食堂に用いられた椅子の座面にカーテンと同じ生地が用いられ、室内の意匠との親和性が図られていた。

こうした家具の復原においては、当時の写真と現存するスツールを元に鋼管の寸法や曲率を拾い、図面と3Dモデルを作成することで精度の高い復刻を目指した。また、土浦は造作の家具も多く手掛けており、食堂や台所、寝室には物の細かな配置に合わせた収納棚が置かれていた。また玄関と居間の境には上下にベンチが設けられており、空間を緩やかに分節している。

造付け家具によって能率性が高く、物が整然と収納された空間をつくりつつ、用途に対応して自由に置き家具を配置する、豊かな生活を志向していたと考えられる。

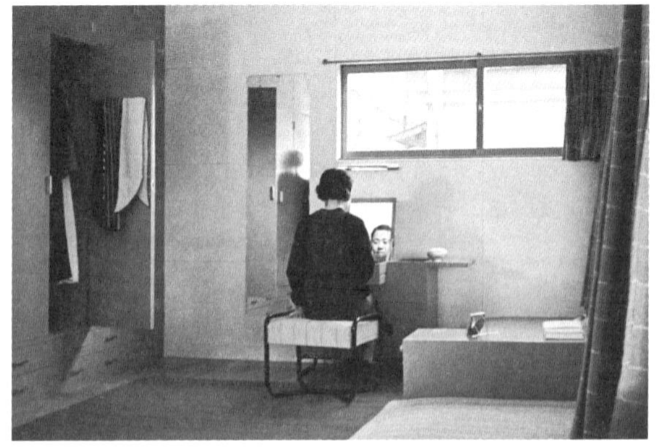

左:土浦邸創建時の居間と鋼管家具。座っているのは亀城・信子夫妻／右:2階の寝室の鏡台に座る信子

籐製寝椅子の図面　縮尺1/30

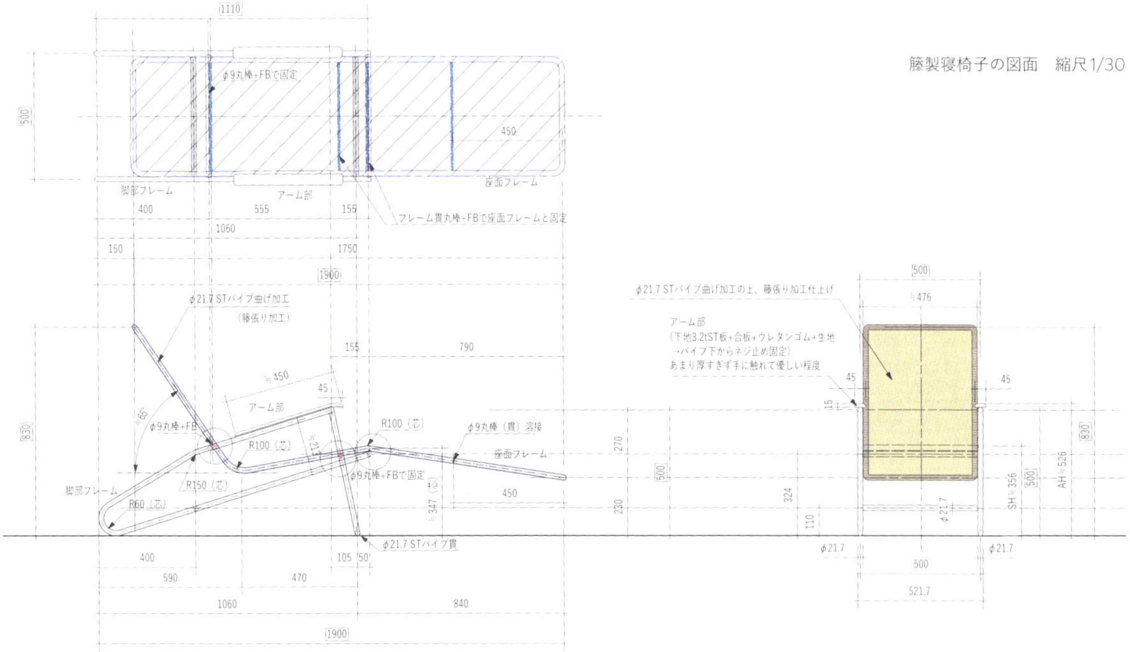

φ9丸棒+FBで固定

脚部フレーム

アーム部

座面フレーム

フレーム貫丸棒+FBで座面フレームと固定

φ21.7 STパイプ曲げ加工
（籐張り加工）

φ9丸棒+FB

R100（芯）

R150（芯）

R60（芯）

φ9丸棒（貫）溶接

φ9丸棒+FBで固定

φ21.7 STパイプ貫

φ21.7 STパイプ曲げ加工の上、籐張り加工仕上げ

アーム部
（下地3.2tST板+合板+ウレタンゴム+生地
→パイプ下からネジ止め固定）
あまり厚すぎず手に触れて優しい程度

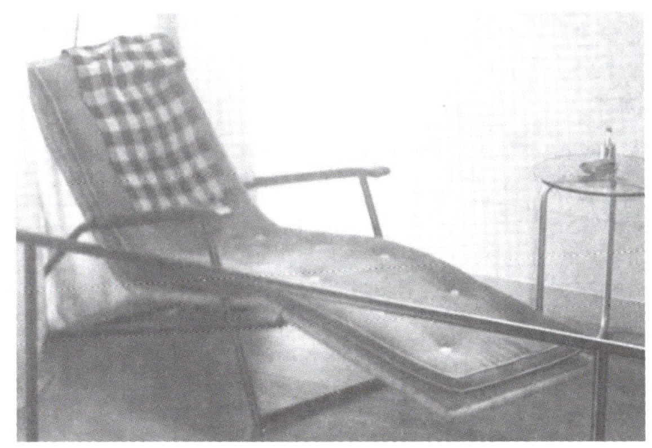

左：創建時の籐製寝椅子／右２点：復原中の寝椅子

土浦邸は、モノトーンの空間の中に、カラフルな椅子、カーテン、ラグマット等が置かれていたことが特徴的であり、今回の復原においても、ファブリック類は重要な空間構成要素であった。

復原においては、土浦夫妻の遺留品の中からオリジナルのカーテンやラグマットを発見できなかったため、まず、現存する白黒写真から色の濃さをおおよそ判断した。またカーテンについては、これらの写真からストライプ模様の幅が推定できた他、黄色とグレーのストライプが時折反転して使用されていたことも明らかになった。

次に創建時の建築雑誌に記述されていた色名と、ただ1枚残されていた居間の透視図を参照しながら、カーテン、ラグマットについては糸の選定を行い、当時の編み方まで調査した。

このように数種類の布地とラグマットサンプルを製作した上で、周辺の建材とのバランスを確認し、最終的には前所有者の判断により色を選定した。

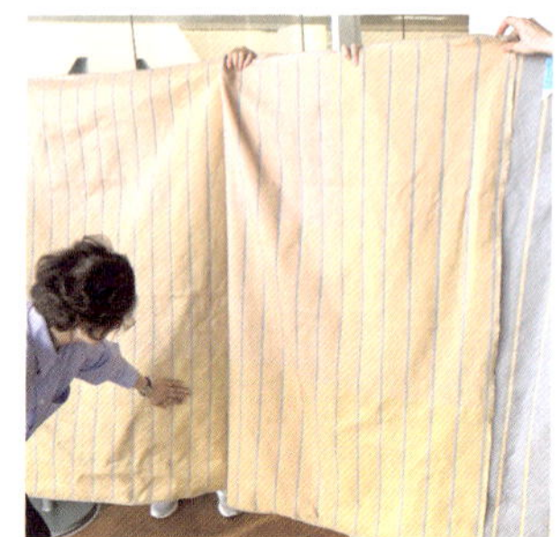

カーテンとラグマットの検討。製作は川島織物セルコンが担当

復原した家具、カーテン、ラグマット等が配置された内部空間

Tubular Steel Furnitures, Curtains and Rugs

In Japan, when the dwelling environment changed from traditional to modern houses, chair seating was the element that had the greatest impact on the lifestyle of people living in them.

In the early Showa era (1926-1989), some residences had only Western-style rooms, as in the Tsuchiura House, and others kept a Japanese-style room or two in some part of the house. As Tsuchiura commented, "Furniture completes the house." Architects of the time often designed their own furniture, such as chairs and shelving units, which are essential elements of modern housing, and thus they were responsible for coordinating the entire lifestyle. Tubular steel furniture is a typical example of such designs. Learning from the designs developed at the Bauhaus, Japanese architects designed their own pieces through repeated trial and error using Japanese materials and techniques.

The Tsuchiura House also had tubular steel furniture designed by Tsuchiura. These were given different shapes and designs according to how the space was used. For the chairs used in the living and dining rooms, the seat cushions were made of the same fabric as the curtains to create an affinity with the room design.

In restoring these furniture pieces, we measured the dimensions and curvature of steel tubes based on photographs from the period and from existing stools, and created drawings and 3D models to achieve a highly accurate restoration. The Tsuchiuras also created a lot of built-in furniture, and shelves were placed in the dining room, kitchen, and bedrooms to match the detailed arrangement of objects. The border between the entrance and living room has benches of different levels, creating a gentle division of space.

We think that the Tsuchiuras intended to enjoy the amenities of life, by creating a highly efficient and orderly space with built-in furniture, as well as by freely arranging the furniture according to their use.

The Tsuchiura House is characterized by colorful chairs, curtains and rugs placed in a monochromatic space, so fabrics were an important spatial component in the restoration project.

Since the original curtains and rugs could not be found among the Tsuchiuras' belongings, we first calculated the color intensity from existing black-and-white photographs. The width of the stripe pattern on the curtains could be approximated from these photographs, and it also became clear that the yellow-and-gray stripes were sometimes used in reverse.

Next, referring to the color names mentioned in the article published in an architectural magazine at the time of the building's completion and the only remaining perspective drawing of the living room, we selected yarns for the curtains and rugs, and even investigated the weaving methods of the time.

After producing several fabric and rug samples in this way, we checked the balance with the surrounding building materials, and finally selected colors based on the judgment of the owner at the time.

復原・移築プロジェクトにおける工事のポイント

山田和臣（鹿島建設）
後藤喜男（後藤工務店）

外壁の復原工事

復原・移築工事前の竪板羽目張りの外壁

土浦邸の創建時、外壁にはアスベスト含有の石綿スレート板が用いられていたが、その後変更されており、復原・移築工事前は、竪板羽目張りの上に塗装が施されていた。
今回の復原・移築工事ではフレキシブルボードを採用したが、これは創建時の図面を参考に、新たに割付図を作成して設置した。

フレキシブルボードの下地としては、構造用合板の上に透湿防水紙を配置した。また、フレキシブルボードの固定はM4の鍋ビスを使用し、ビスの下穴としてφ6mmの穴を開けることで、ボードの乾燥収縮を吸収する納まりとした。さらにビス頭が隠れるよう、座掘りを施した。

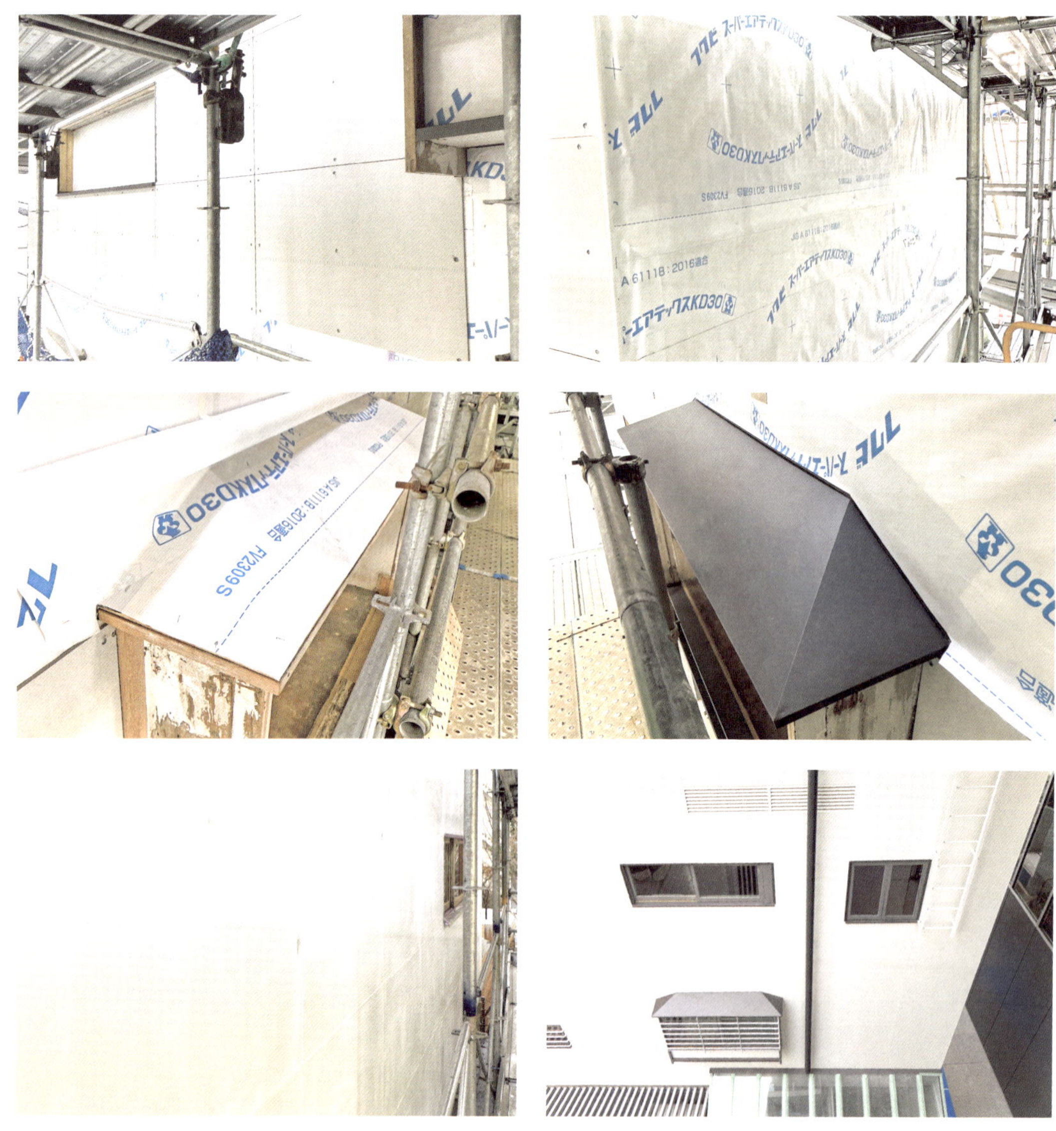

復原・移築工事の様子。上2点:フレキシブルボードの下地は、構造用合板の上に透湿防水紙を施工した／中2点:庇や水切板の納まり
下2点:ボードの目地は1mm程度面落ちしたコーキングを施し、目地が目立つようにした。仕上げはフッ素樹脂塗装(創建時はパテ埋め)

青山敷地にて復原・移築施工中の外壁。フレキシブルボードを設置した状態。窓庇の下地が見えている。創建時の目地位置を復原した

鋼製建具の復原工事

今回の復原・移築工事において再利用した鋼製建具は、居間の大型サッシと玄関サッシである。
居間の大型サッシの透明ガラスはパテで固定されていたため、解体時にガラスを割って外した。一方、玄関サッシについては、使用されていた型板ガラスを今回調達することが難しいと予想されたため、これを嵌めたままサッシを外した。

こうして取り外した鋼製建具の再生作業は、まず工場でブラスト処理を行い、古い塗装と錆を除去するところから始まった。次に、錆により肉痩せした部分を板金作業で補強し、全体に錆止め塗装を施した後、一部部材は再塗装を行っている。

左:復原・移築工事前の玄関の鋼製建具
右:居間の大型サッシ

上3点：取り外した鋼製建具は塗装工場で修復
下2点：復原・移築工事後に設置された建具。居間の大型サッシには、環境性能を高めるため、真空ペアガラスを採用した

屋根の復原工事

屋根や庇上面は、今回の復原・移築工事において、雨仕舞を万全とするためにFRP防水に置き換えており、これは創建時の陸屋根の表情を取り戻すことにも繋がった。
既存建物の屋根は、パラペットの高さが不足していた。また谷樋部分に錆が見られ、放流口の板金が損傷し、漏水が見られた。さらにタラップ固定部でも板金の損傷が見られた。
創建当時の図面から、当初はアスファルト防水の上に保護モルタルが施されていたことが判明していた。このため、復原工事では、意匠上類似性があり、パラペット高さ不足も解消できる塗膜防水を検討して、FRP防水を採用した。
今回採用したFRP防水は飛び火認定品である。また、パラペットとシームレスに繋がった防水として施工することで、漏水が発生していた谷樋の放流口の納まりもシンプルになり、その性能を改善した。

左:復原・移築工事前の屋根。創建時から変更され、亜鉛鉄板の瓦棒葺き屋根であった
右2点:亜鉛鉄板を外すとアスファルト防水と押さえモルタルが現れた。写真はそれらを外した状態で、野地板にアスファルトの跡が残っている

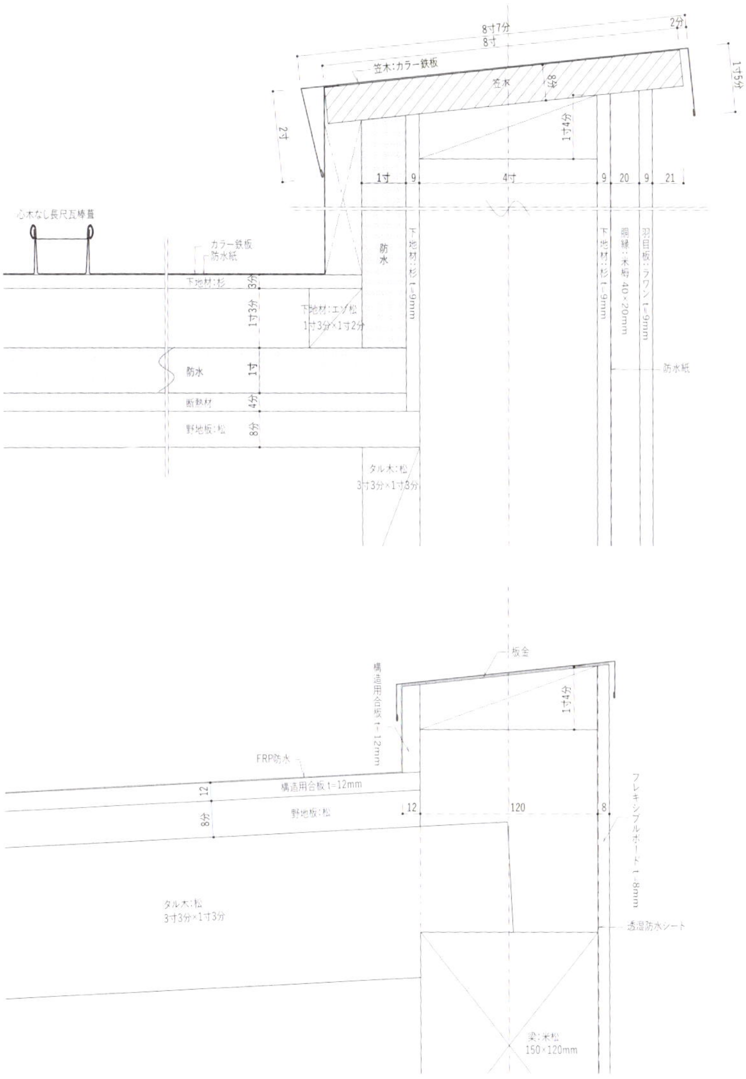

屋根笠木断面詳細図（上：復原・移築工事前／下：復原・移築工事後）　縮尺1/5

3点：復原・移築工事の様子。防水下地はベニヤ。今回の復原・移築工事により、亜鉛鉄板からFRP防水に置き換え、創建時の陸屋根の表情を取り戻した

木軸の復原工事

本頁:2022年11月、上大崎での解体作業で露わになった木軸
右頁:2023年10月、南青山で組み立てられる木軸

木造建築において軸組は極めて重要な要素である。文化財修理では交換後の部材も文化財の構成要素となるため、修理時の不必要な改変は極力避けられる。
土浦邸では、オリジナルの柱･梁を極力保全しつつ、耐震性の観点から腐敗した部材を新材に取り換えた。この新材は当初材と同じ形状としており、例えば、金物まわりのしゃくりに遊び(隙間)があった当初材に対しては、取り換える新材にもあえて同じ刻みを入れた。

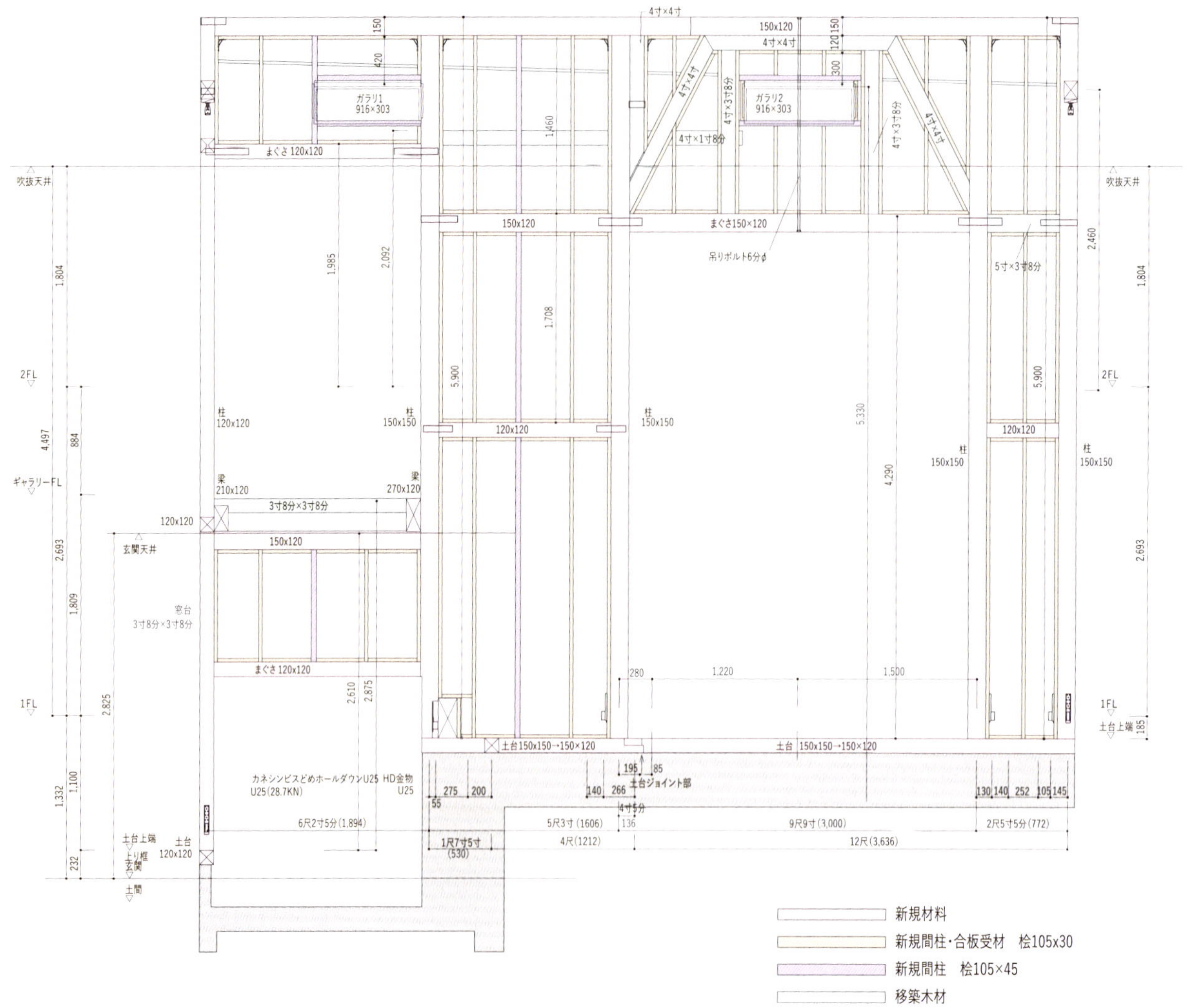

復原・移築工事後の軸組図　縮尺1/60

左：復原・移築前の居間開口部。トラス梁・吊ボルト・庇の納まり
右：復原・移築工事において、新旧の部材が組み合わされた軸部

土浦邸の柱はヒノキ、梁にはマツが用いられていた。今回の復原・移築工事における当初材の再利用率（柱もしくは梁の合計長さ÷再利用した当初材の長さ）は、柱で31.9%、梁で45.4%となった。

また土浦邸の木軸の接合部には、厚さ5～6mmの鉄板を曲げてつくった補強金物が49カ所も留めつけられており、これらが耐震性に寄与していた。今回の工事では、これらの補強金物も元の位置で再利用した。

3点：復原・移築工事において再利用された補強金物。現行法規に適合し、耐力不足を補うため、今回新たに取り付けられた構造金物もある。また、補強金物のしゃくりもオリジナル部材と同様の遊びを設けた

壁面の復原工事

今回の復原・移築工事では、建築基準法上の耐震性能を確保するため、建物周囲壁面と一部内壁、そして2階床面や屋根に構造用合板や鋼板等を固定することで、創建時の意匠を損なわない範囲で耐震補強を行った。
また、創建時には断熱材として壁面内に籾殻が充填されていたが、これは過去の外壁改修時に撤去されていた。今回は籾殻の代わりに壁面内に、現行の断熱材(ポリスチレンフォーム材)を設置した。
今後数十年を見越した耐震性能・断熱性能を付与したこれらの工事は、創建時と同じ壁厚で、意匠に影響しないように実施した。

2点:復原・移築工事前の壁面内部

上3点：工事時の内部壁面。断熱材としてポリスチレンフォーム材を壁面内部に嵌め込み、構造用合板で補強した
下：復原・移築工事中の外周部の壁面。壁厚を変えないように構造用合板を固定しており、新規の建築金物補強も落とし込み、仕上げ面を揃えた

居間天井裏の復原工事

解体調査時に居間天井を剥がしてみると、暖房装置のパネルヒーティング用温水パイプが露わになった。このパイプは屋根から吊り下げられ、パイプの周りにコンクリート（バサモル）の蓄熱体を充填したうえで、防水と断熱を施した「逆さにした木箱」とコルクボードで全体が覆われていた。このディテールは、下部居間空間へ熱が伝わり、かつ上部に暖気が上がらないようにする目的だったと推測される。

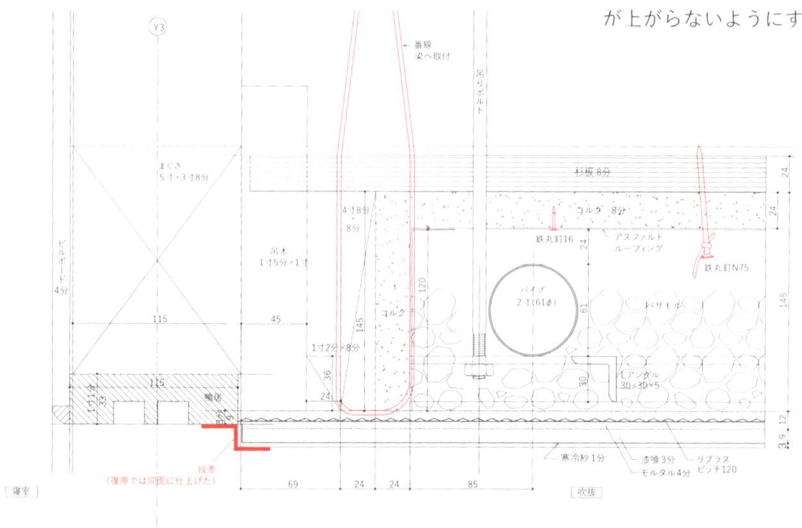

復原・移築工事前の断面詳細図　縮尺1/5
鴨居と天井材の下端に段差が見られたが、天井が撓(たわ)んだためと確認された。
復原では鴨居と天井は同面に仕上げた

上：解体時に天井を外した状態。蓄熱体としてモルタル（バサモル）が充填されていた
中：モルタルとコンクリートを除去した状態。木板で天井と屋根の間に「逆さにした箱」が組まれ、その内側に断熱用のコルクボードと防水紙が貼られていた
下：木板の「逆さにした箱」を撤去した状態。温水パイプは梁から吊り下げられていたことが判明した

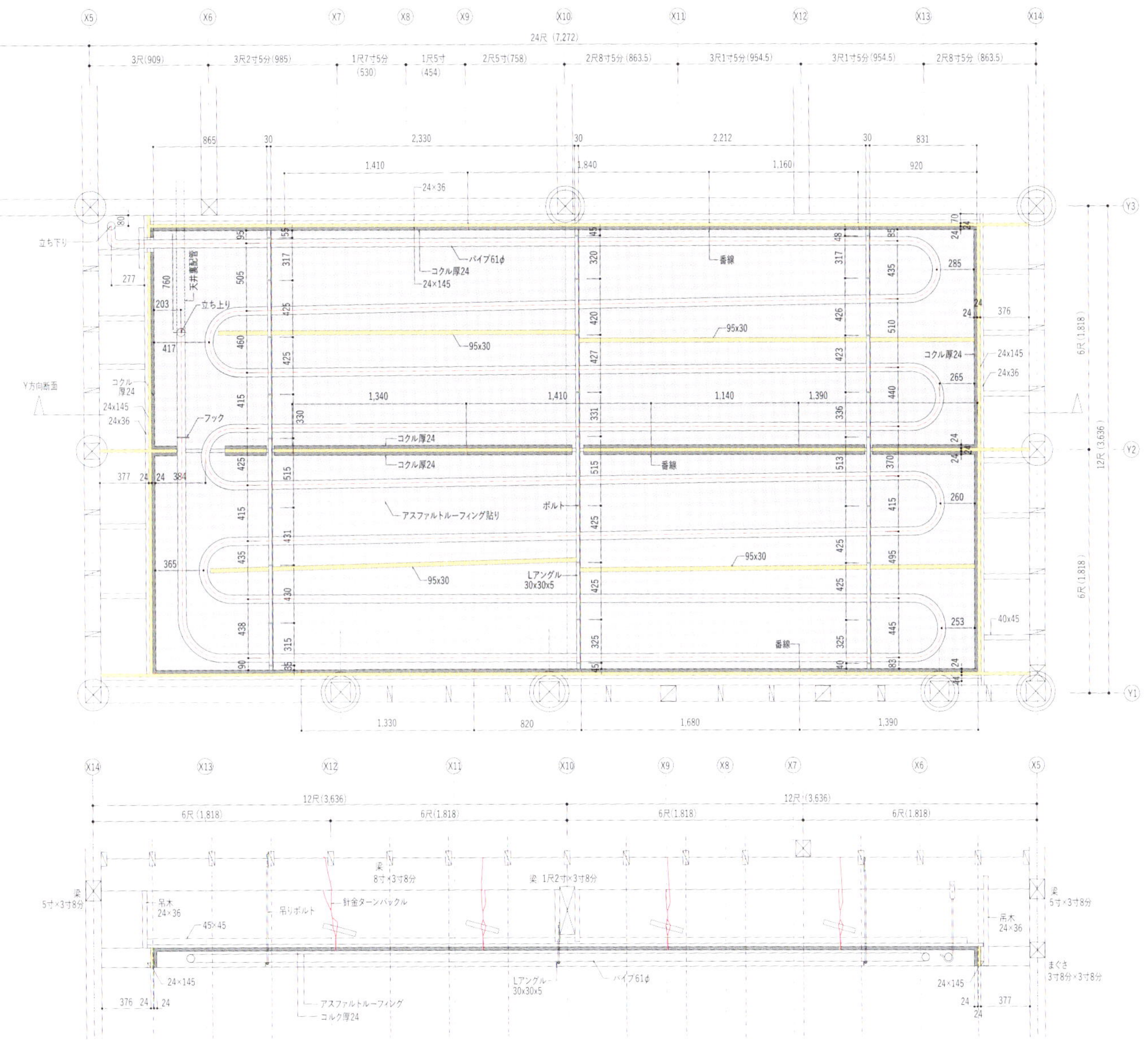

復原・移築工事前の居間天井の納まり　上：平面図　下：長手断面図　縮尺1/50

3点：新しい空調のダクトは、3DCADによる配置検討の上、梁を迂回して設置した

今回の復原・移築工事では、このパネルヒーティングの温水パイプを「遺構」として原位置に保存しつつ、土浦邸の全室に、新たに機械空調を導入した。
この居間の天井裏の作業は、難工事となった。天井裏には大きな梁が渡っており、また保存する温水パイプもある中で、3DCADにより空調機械の配置を検討しながら、それらの間を縫うように新たな設備機器を納めた。これらを収納した後、天井内の空調の騒音対策としてグラスウールを施工し、ボード2枚貼りの上に左官材で仕上げた。
土浦邸の創建時は、縦配管を通すルートを確立していなかったと思われ、壁内の構造部材の欠損も見られた。

復原・移築前の壁面内配管

上3点：ボード2枚貼りの上、左官材による仕上げを施す／下：仕上材は創建時の図面に記載されていた「パルポイド」が現存しなかったため、同様の風合いと消音機能を有する珪藻土の左官材で実施したが鏝ムラが目立った。このため、最終的にはボードも解体撤去し、改めてジョリパットの吹付工法に変更した

地下1階浴室周りのタイル復原工事

復原・移築工事前の地下1階浴室周りのタイルは次のような状況であった。
浴室外の床タイルは152角で厚みが7mmであった。剥がして再利用することは困難と判断し、この部分の生かし取りは断念した。このタイルは不二見焼であることが刻印により判明した。
浴室内は、創建時から大幅に改修されていることが判明していた。工事前の床タイルは108角で厚みが7mmであり、刻印は同じく不二見焼であった。壁タイルの一部は下地が木材であったため、一部生かし取りしている。
また浴槽については、その構成を調査した結果、浴槽の立ち上がりには断熱性を備えた軽石のブロック、その天端には特殊サイズの笠タイル、浴槽内にはモザイクタイルが使われていた。この中で、浴槽立ち上がりの一部は資料として保管することとした。

左上:復原・移築工事前の浴室外の床タイル／左下:浴室内の壁タイルの生かし取り作業
右:浴室の解体調査

内部水回りタイルの復原工事は精度との戦いであった。
タイル等の仕上材は、部屋中心を基準として貼り広げると、壁際に寸法調整タイルを配置することで「逃げ」が取れ、精度が多少悪くとも美しく納まる。しかし、土浦邸の浴室内外は、浴室扉の端部を出発点として割り付けられていたため、少しでもずれるとおかしく見えてしまう。今回の復原工事では目地幅を合わせるのに大変な苦労が伴った。
浴室内のタイルは、厳密に割り付けられていたと想像される創建時の写真と工事前の状況を照合しながら、割付を検討した。その結果、浴槽は創建時からその後の改修時に一回り小さく造り替えられていたことが判明し、今回の工事で浴槽を創建時の大きさに戻すことで、タイルの整合性も取り戻した。あわせて浴槽内のモザイクタイルも創建時の108角タイルに復原した。

タイルの検討の様子

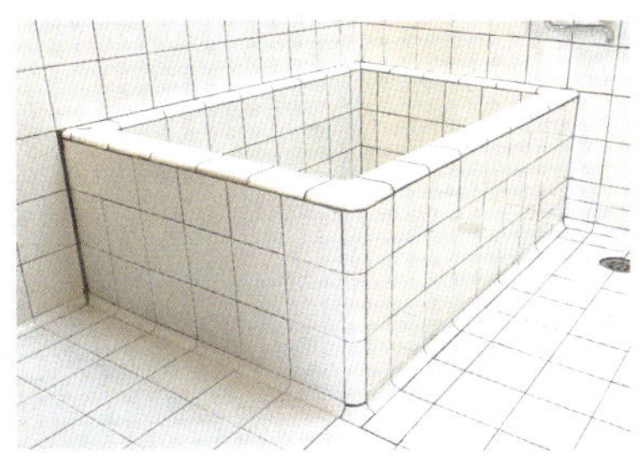

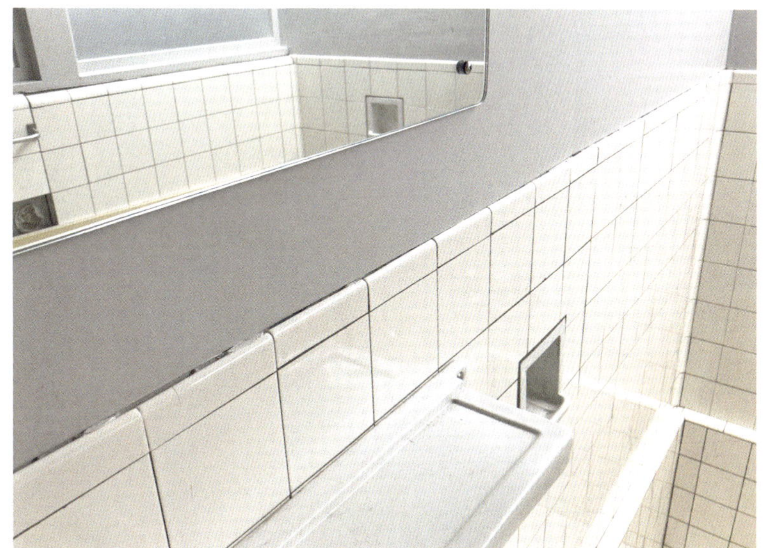

3点：浴室の復原工事の様子

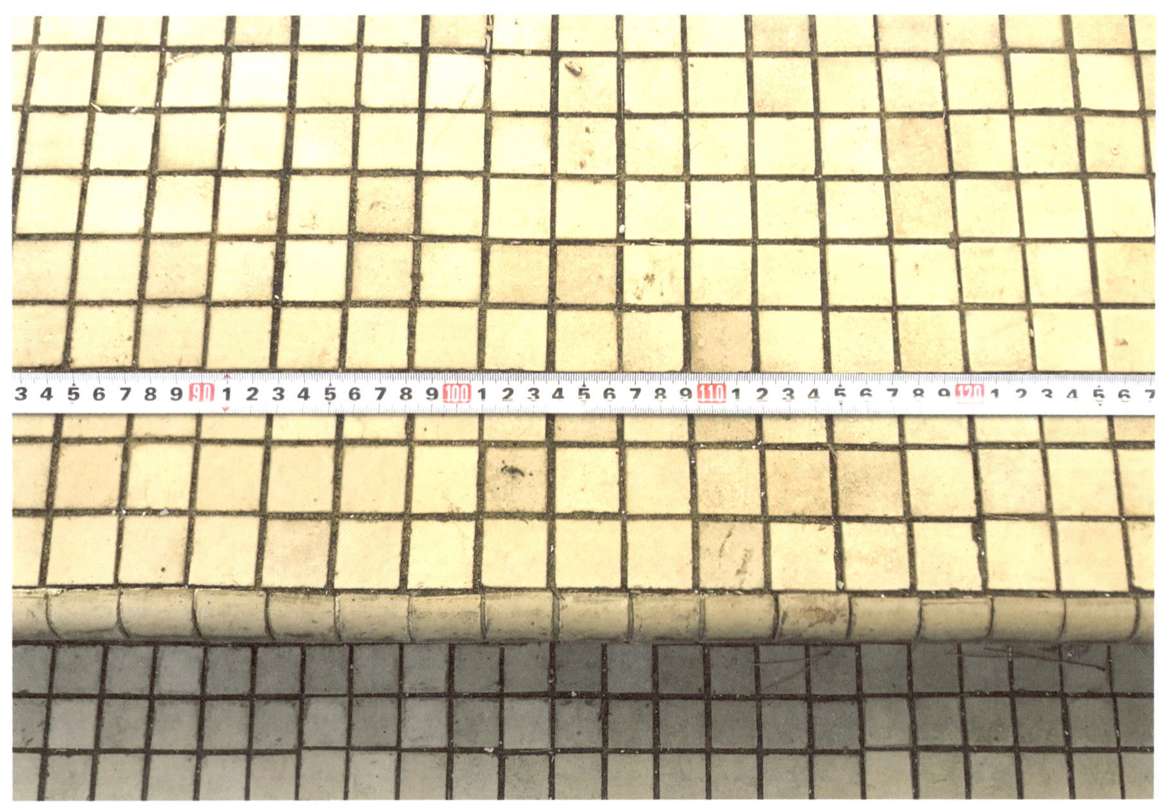

本頁：復原・移築工事前のモザイクタイル（玄関前外部階段）

玄関・外部階段・テラスのタイル復原工事

玄関と外部アプローチ階段、前庭テラスには、25mm角で厚さ4.5mmの無釉薬のモザイクタイルが使用されており、貼り乱れが生じないように現代の施工方法と同様に、紙貼りでユニット化したうえで貼られていた。解体時、これらは可能な限り生かし取りする方針となり、手作業で1枚ずつ丁寧に剥がしていった。洗浄後、使用可能なものを選別したところ、全体の約3分の1が再利用可能であった。

この部分の復原工事は、外部アプローチ階段から玄関床へとタイル目地が連続すること、そしてアプローチ階段各面の目地が整合することが大きなポイントとなった。アプローチ階段と玄関床の連続性は、すなわち内部と外部の連続性の表現であり、居間と前庭の水平連続性表現と共に空間表現上、大変重要であった。

これを実現すべく、工事では最初数枚ずつ揃えて手作業で貼っていたが、生かし取りしたタイルは裏面が不陸で面の精度が出ない。そこで、加藤雅久氏の指導により当時と同様にタイルを1尺あたり11枚の割付でユニットとして紙貼りして、移築前と同様の仕上がりを実現した。

上：土浦邸と同時代のモザイクタイル貼り板。（常滑の旧杉江製陶所のもの）当時はこの碁盤のような升目に手作業でタイルを並べ、紙貼りしてユニット化していた。現代のモザイクタイルは工場で紙貼りしている
下、左上：復原・移築工事前のアプローチ階段。踏面・蹴上・側面で目地が整合するように割り付けていた／下右：前庭テラスの状況
下、左下：既存タイルの生かし取りの様子

上:生かし取りモザイクタイルのユニット化
下:玄関のモザイクタイルの施工状況

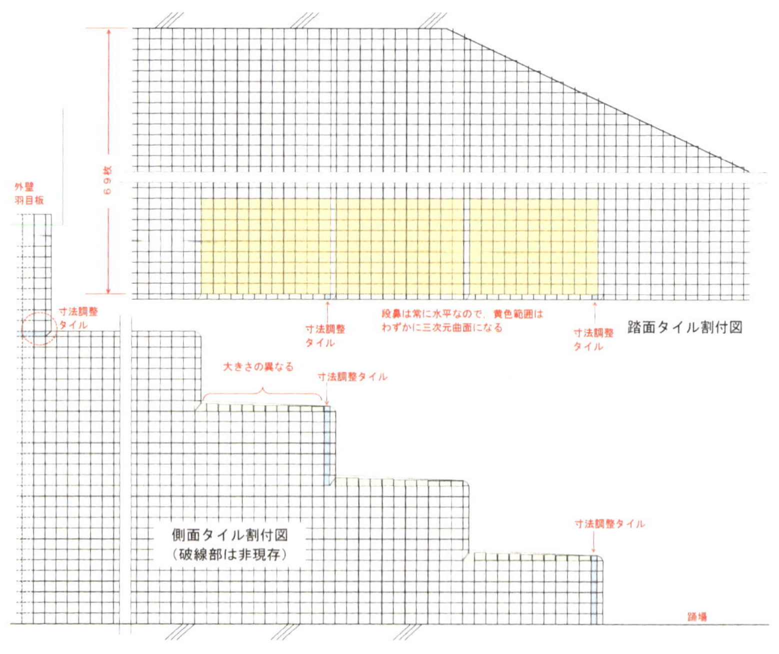

階段タイル割付の書き起こし。踏面端部で水勾配を付けることで、側面の目地と整合させている

復原工事において、アプローチ階段の各段と側面の整合性をとる作業は、さらに困難なものであった。
階段のモザイクタイルは、踏面と蹴上、側面が整然と貼られていたが、段鼻などの出隅は竹割タイル(1/4Rの出隅タイル)で角を丸くしていた。この出隅の角を丸くする「丸面取り」は、土浦邸のいたるところで行われている意匠上の重要な特徴である。
この竹割タイルは単純に貼ると、平物より狭いために側面の目地がずれてしまう。また、踏面には水勾配が設けられていたが、これも目地ずれの原因となる。そこで土浦邸では、水勾配を3次元曲面にしたり、1段おきに側面に半枚幅の調整タイルを入れるなどして目地を整合させていた。
復原工事では、こうしたトリックを解き明かしながら、タイル割付図を起こし、施工は何度もやり直しをしながら、慎重に手作業で行った。

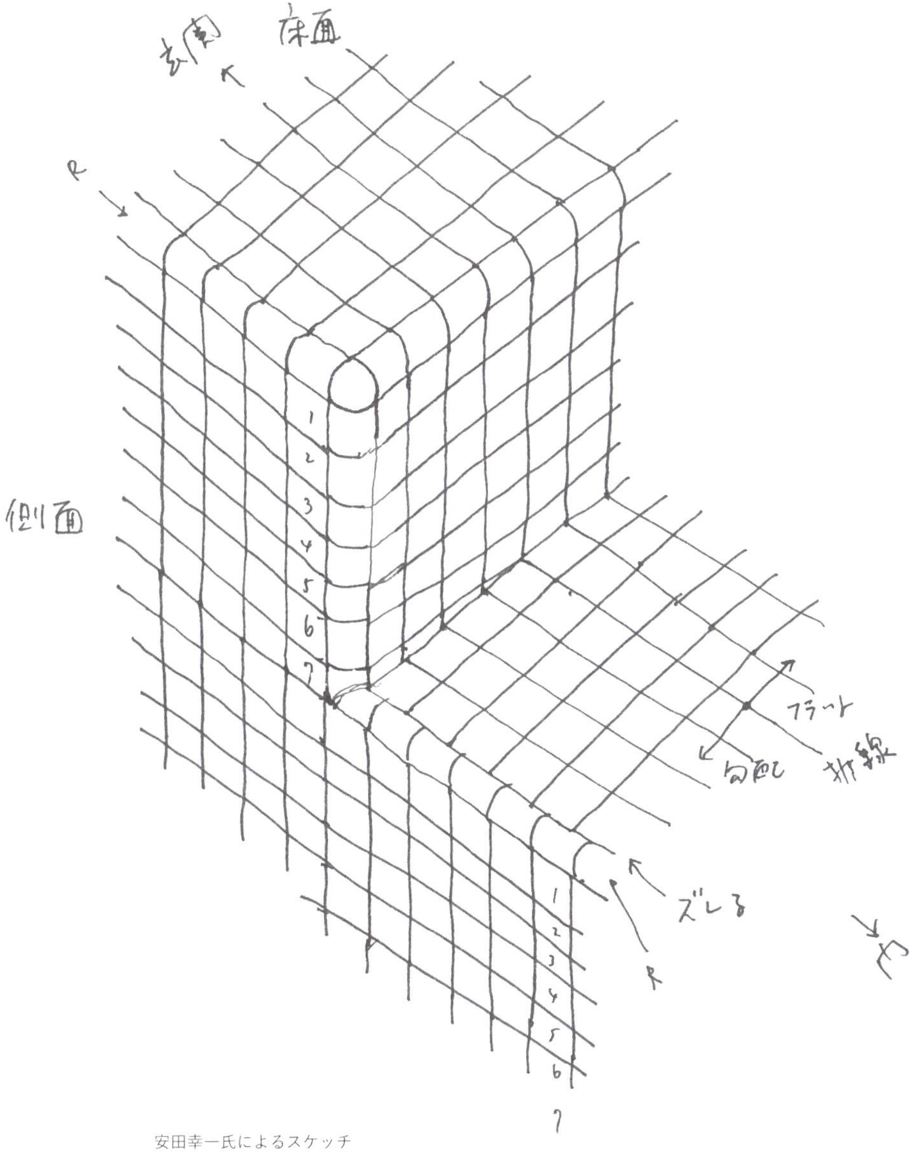

玄関 床面
R
側面
フラット
勾配
折線
ズレる
R

安田幸一氏によるスケッチ

上:アプローチ階段から
玄関へと連続する目地
下:移築前と同じ割付とした階段タイル

図面集

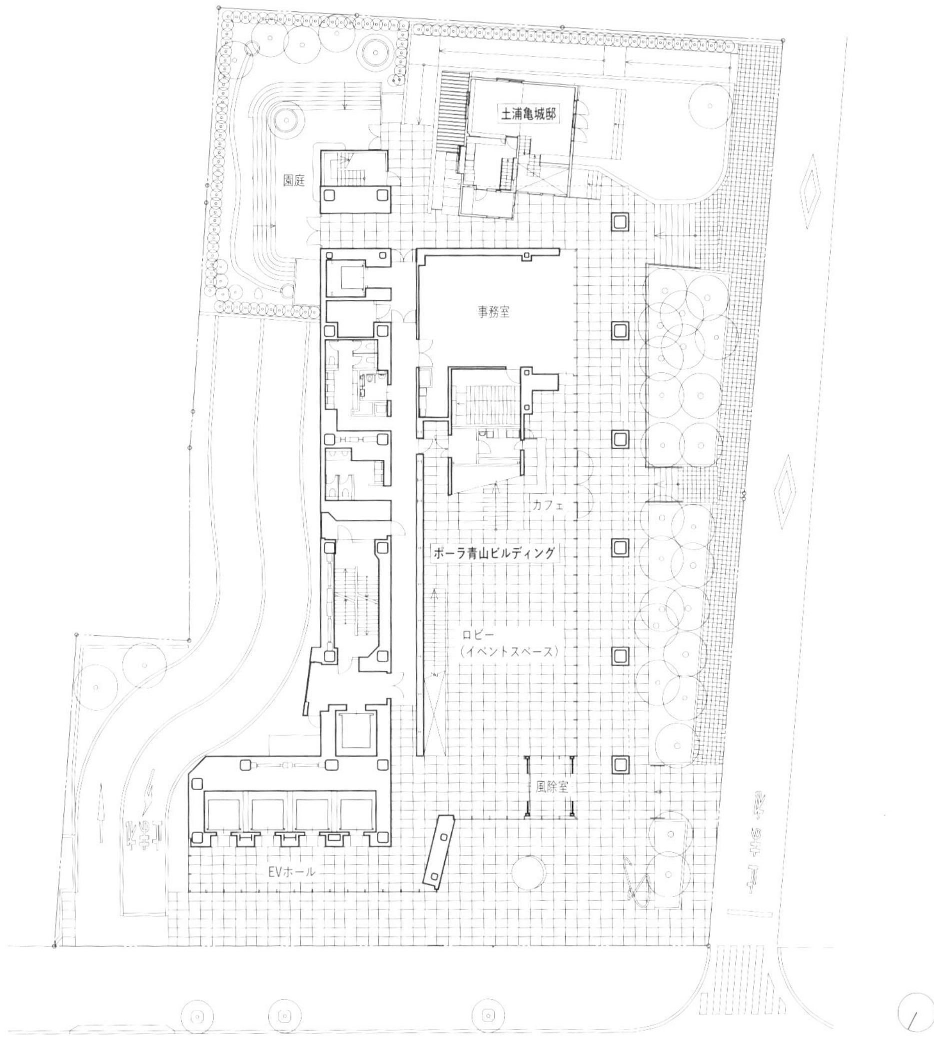

復原・移築後　配置・1階平面図　縮尺1/500

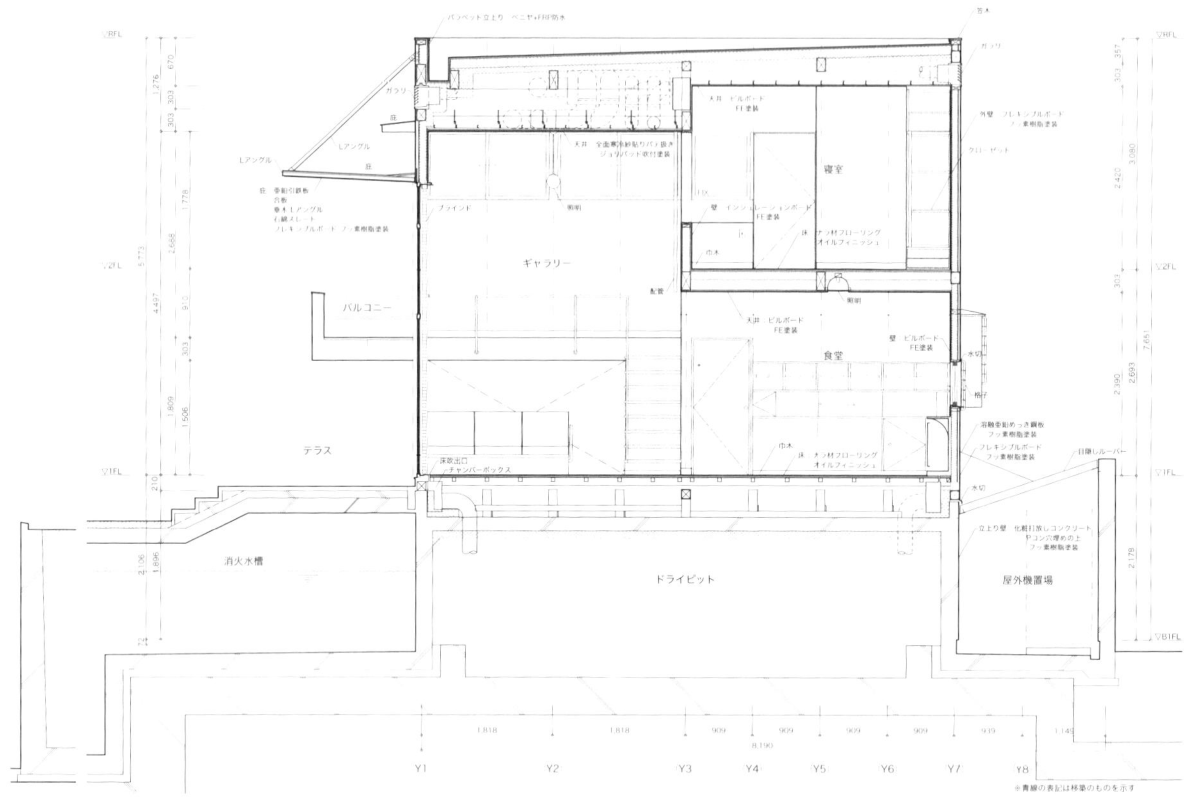

復原・移築後　矩計図　縮尺1/100

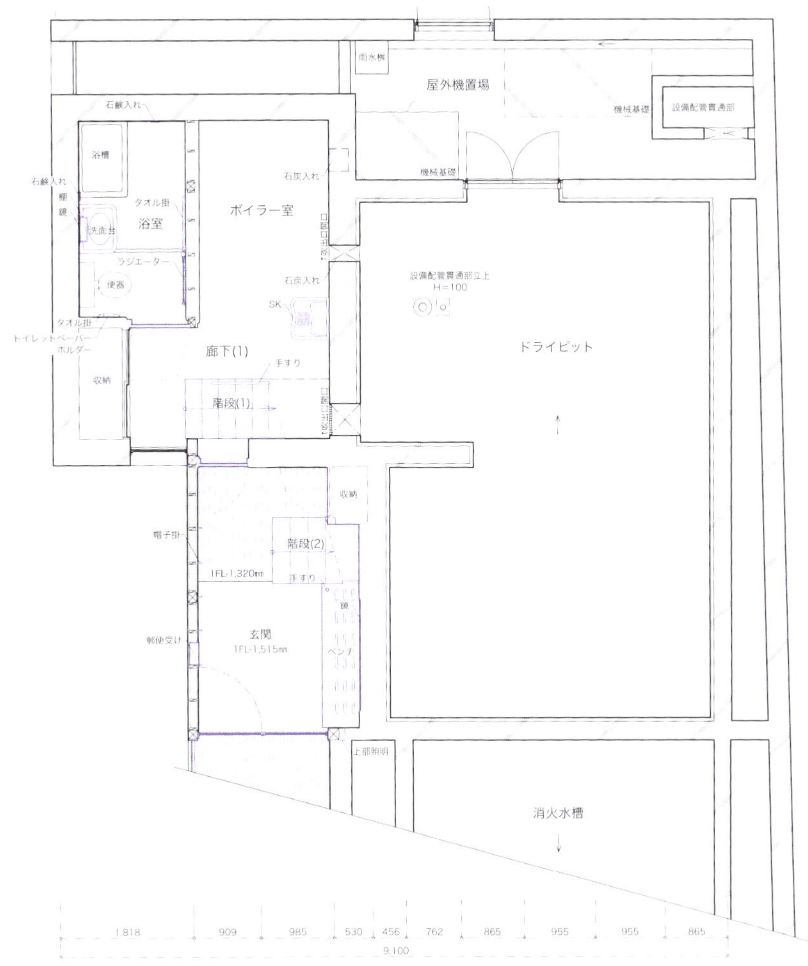

復原・移築後　地下1階平面詳細図　縮尺1/100

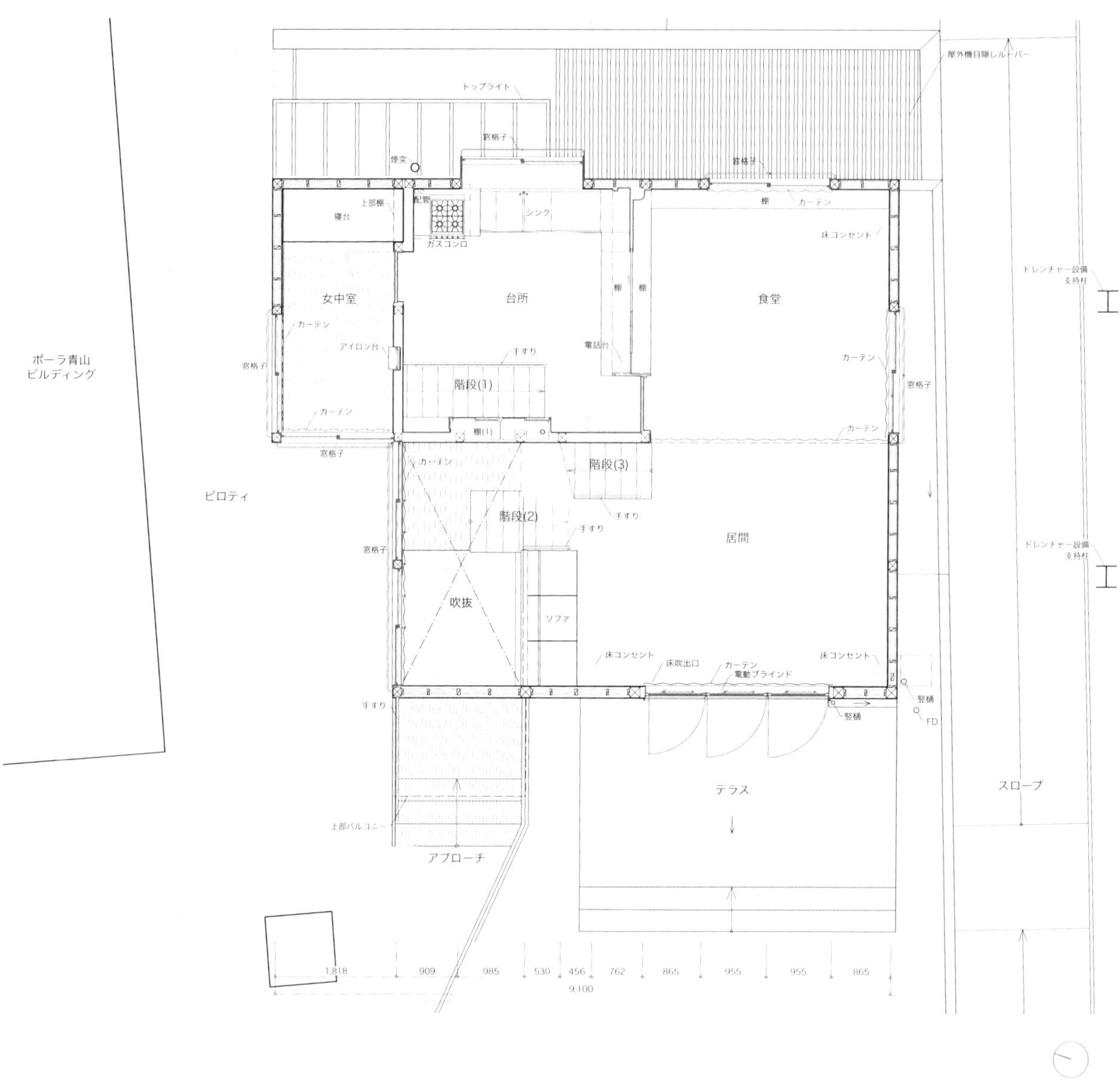

復原・移築後　1階平面詳細図

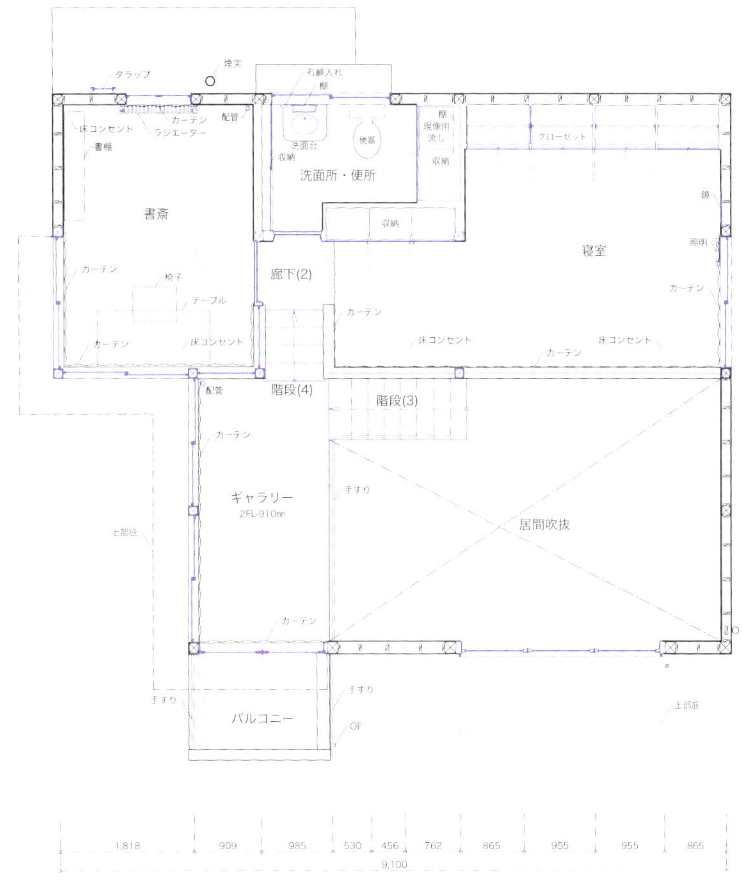

復原・移築後　2階平面詳細図

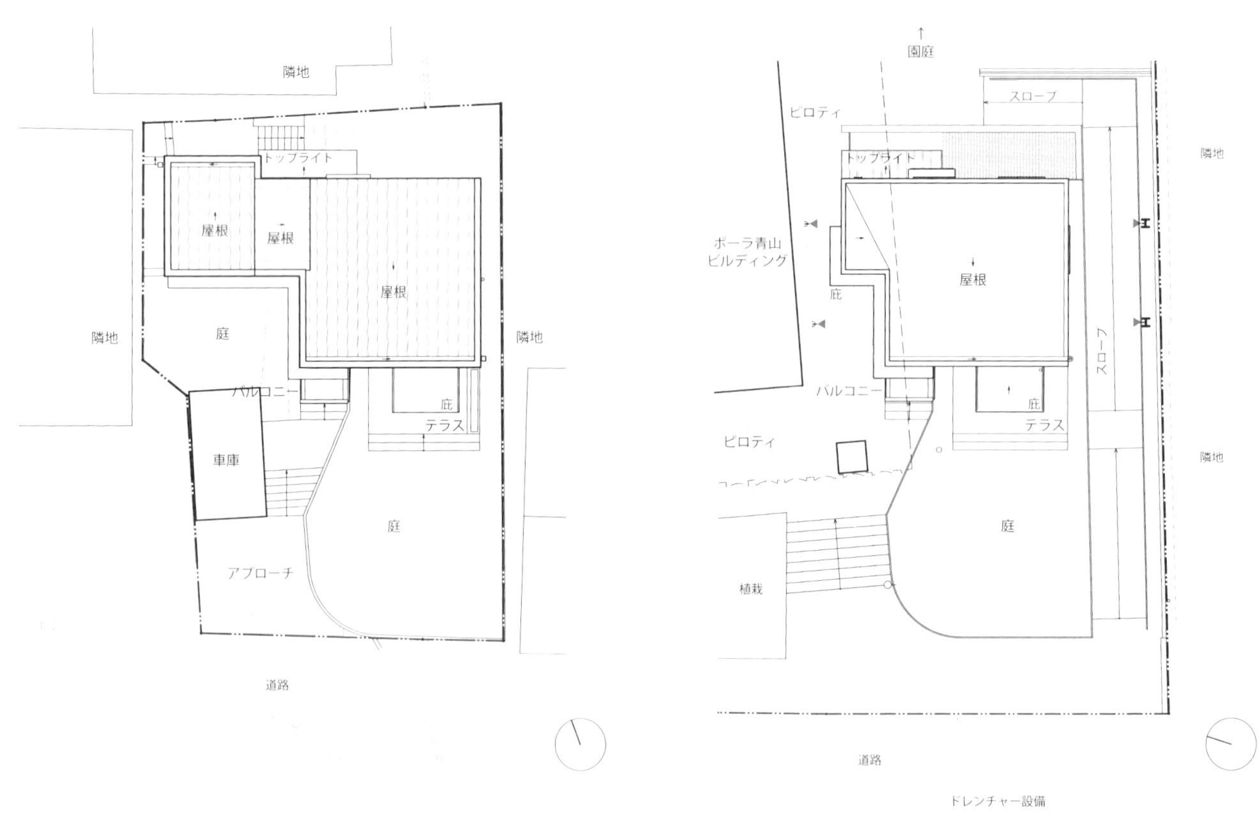

配置図（左：復原・移築前／右：復原・移築後）　縮尺1/300

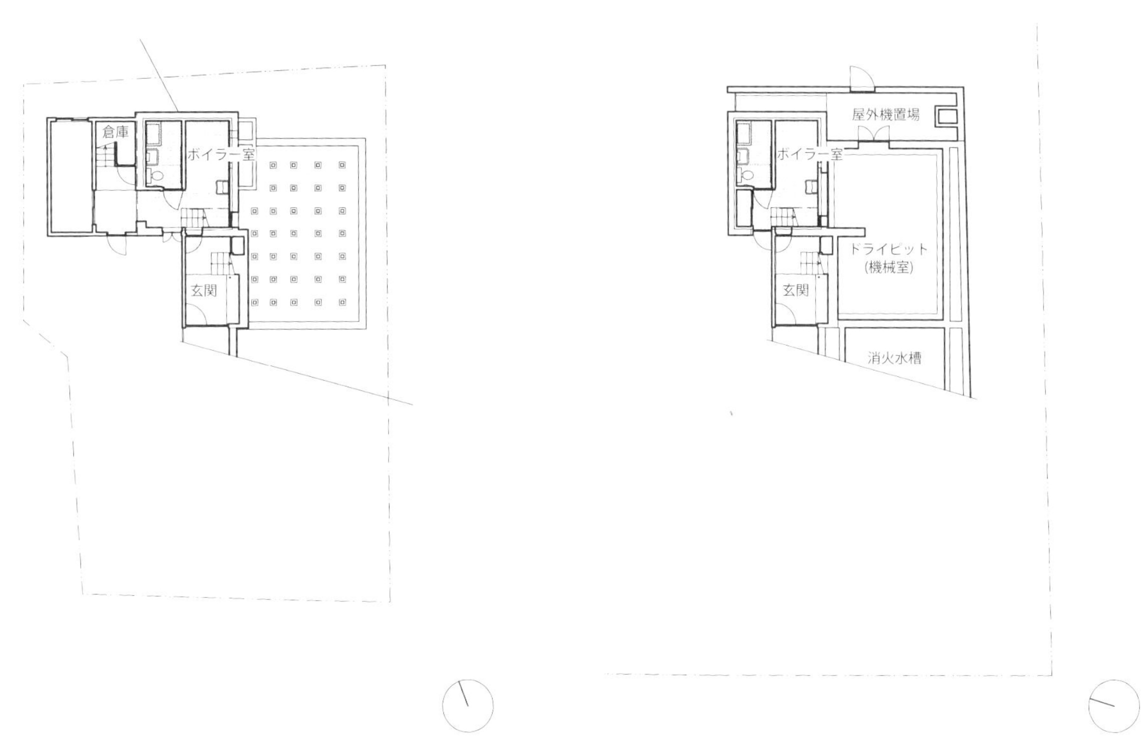

地下1階平面図(左:復原・移築前/右:復原・移築後)　縮尺1/300

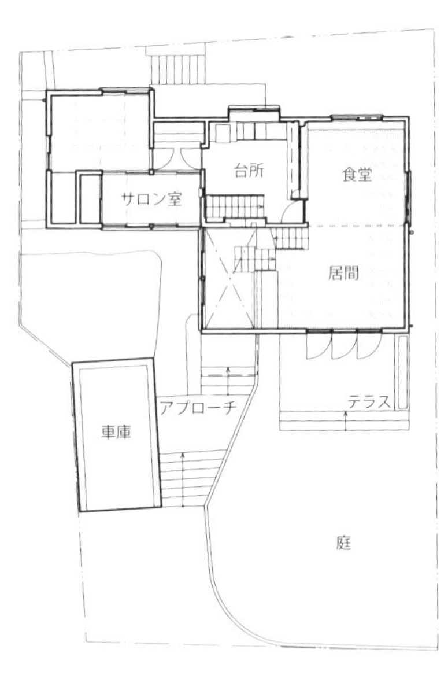

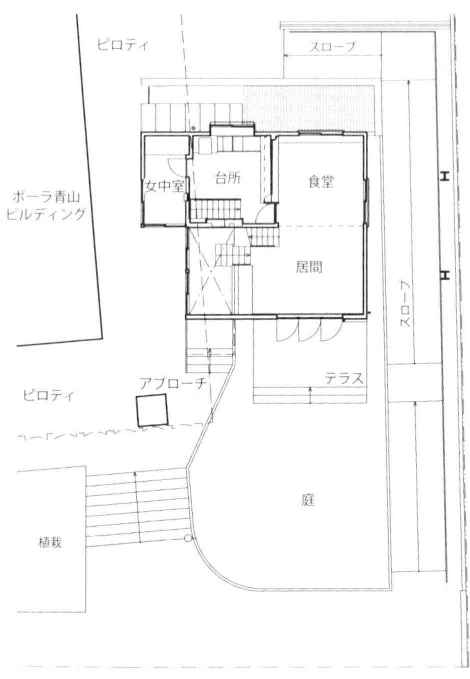

1階平面図(左:復原・移築前/右:復原・移築後)　縮尺1/300

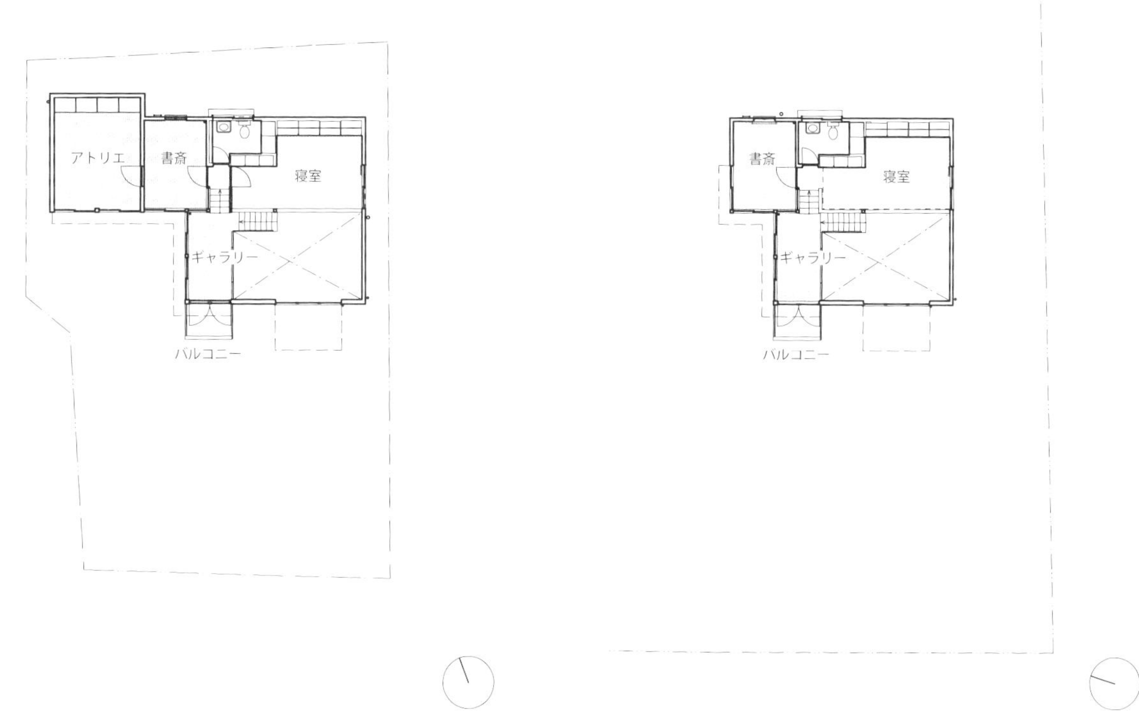

2階平面図（左：復原・移築前／右：復原・移築後）　縮尺1/300

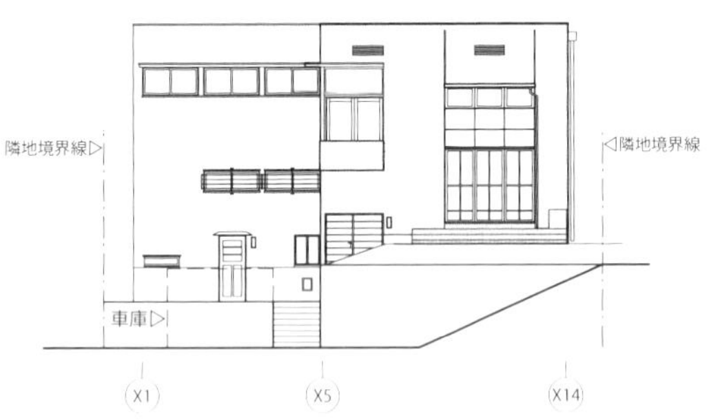

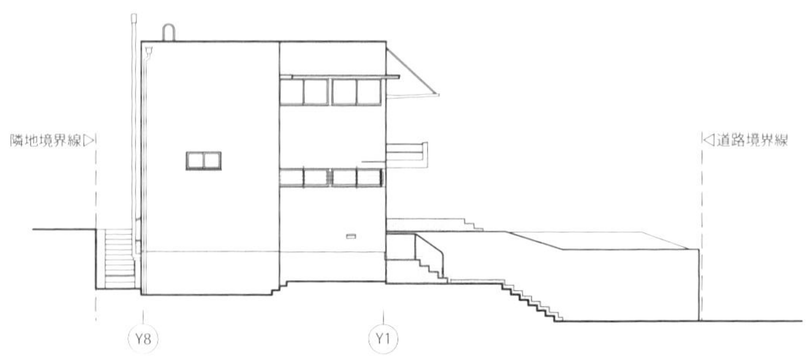

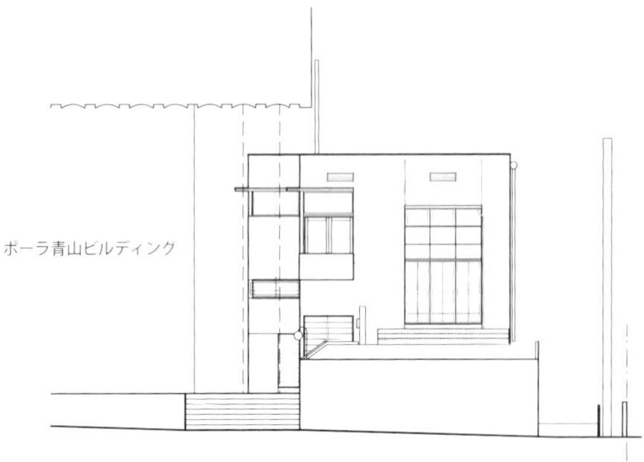

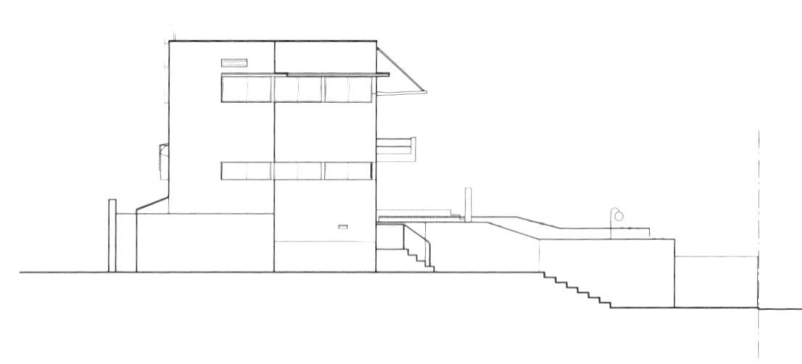

立面図（上：復原・移築前／下：復原・移築後）　縮尺1/300

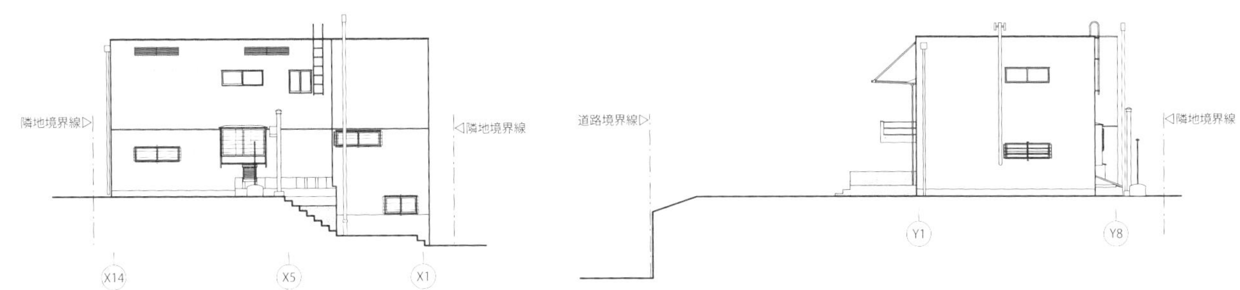
隣地境界線▷
◁隣地境界線
X14
X5
X1
道路境界線▷
◁隣地境界線
Y1
Y8

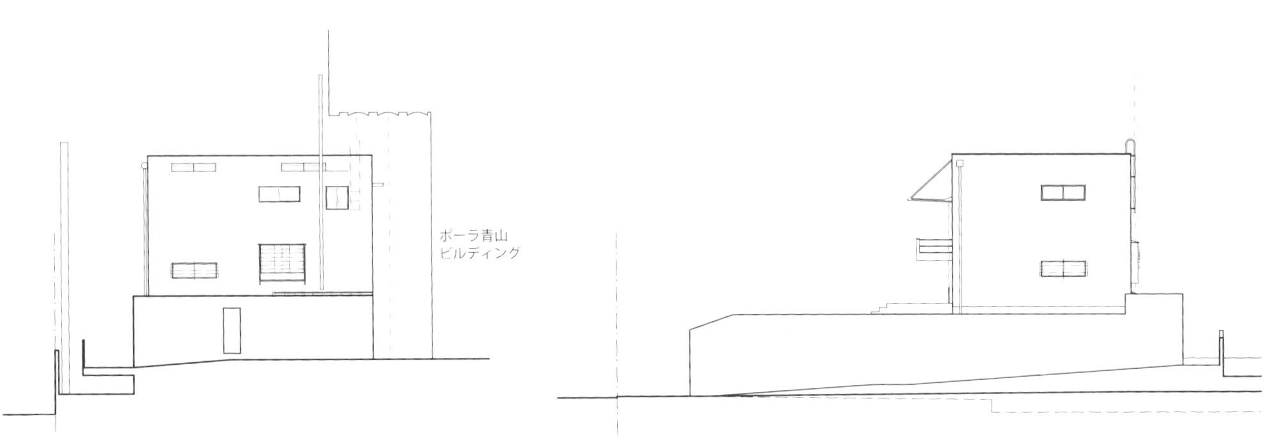
ポーラ青山
ビルディング

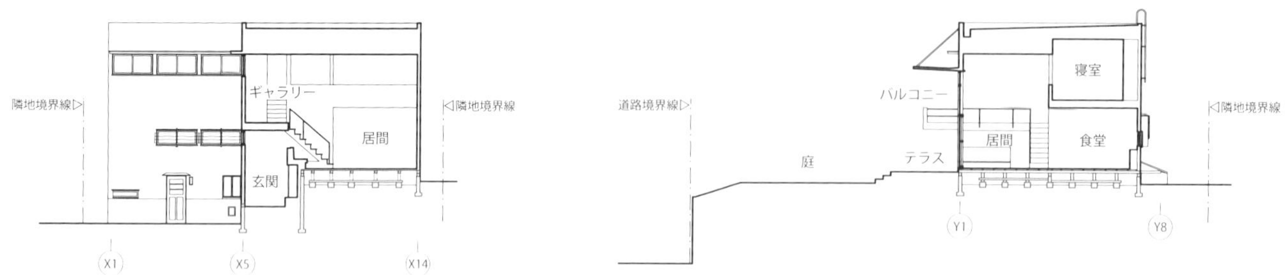

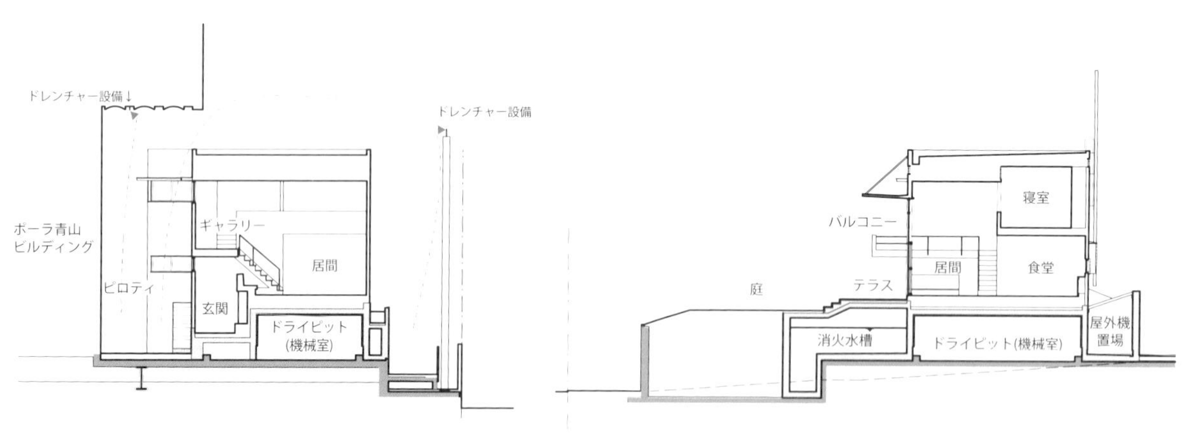

断面図（上：復原・移築前／下：復原・移築後）　縮尺1/300

『都市住宅』への掲載

戦前の1935年（昭和10年）に創建した土浦亀城邸。
それから長い年月を経て、建築界でこの住宅が再び大きな注目を集めるようになったのは、編集者・植田実氏が手掛けた雑誌『都市住宅』（1974年9月臨時増刊号／鹿島研究所出版会）への掲載が契機であった。
ここに、その誌面の一部を掲載する。

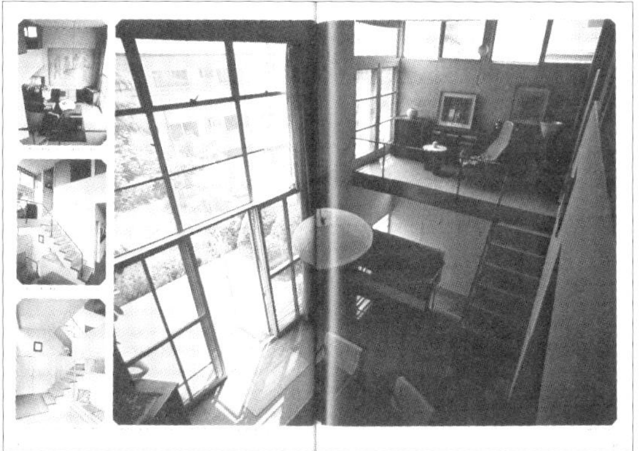

戦前の日本における、いわゆるインターナショナル・スタイルと呼ばれる住宅の代表作を、改めて今日訪ねてみることは、編集部の課題のひとつだった．

写真や図面を通してうかがわれる、空間の豊かさやテクスチャの明解さには、戦後の小住宅史の成果をこえてなお、現代の住宅に結びつく遺産が感じられるからである．

ここに紹介する土浦亀城邸は、約35年前にたてられた建築家の自邸である．

今回新たに撮影、実測して得られた空間のありさまは、添田浩の論文に書き尽されていると思う．

私たちの体験なるものが、時代に強く裏づけされることはたしかであり、どのように孤立しているかにみえる体験も、実に複雑な地下の道を通ってひとつの状況に結びついているも事実であるが、その道を現実に見い出さないかぎり、すべては類推にすぎないのである．　現在、建築空間に関わる想像力の問題についていえば、その母国語は文学の経験に負っているのであり、建築設計の経験に還元しうる言葉はないにひとしい．　つまりこの世界では、存在が人間に関わってくるあり方について，保障された、一般解的な関係があるとは、結局、私には思えないのだ．　どんな建築家も、ついには自分自身の展開があるばかりだし、その結果を見る眼にはどんな権利も持ちえないのである．　多分このような権利に対する鈍感さが、存在と人間との関わり方の経験そのものに傷を負わせるのだ．　その傷の深さは経験の深さに比例するのである．

このような2つの世界のたて方に対する誤解は、さらに大きい．　建築と言語との二重体験を、融合とみるか、乖離とみるかは、まさにその人の経験の範囲によっているからである．

私たちの支持してきた住宅作品にみられるある共通点　プレーンな仕上げや吹抜や白や立方体は、まだ建築設計からは論理的言語でしかないはずである．

今後、このような側面の展開に際して誤解を避けておきたいと思う．

住空間が想像力の暗闇に開かれていることは、現実の問題であろう．　しかし、それをいかなる言葉のあかりの下で綴ることができるのか、今は知らない．

m.u.

上大崎

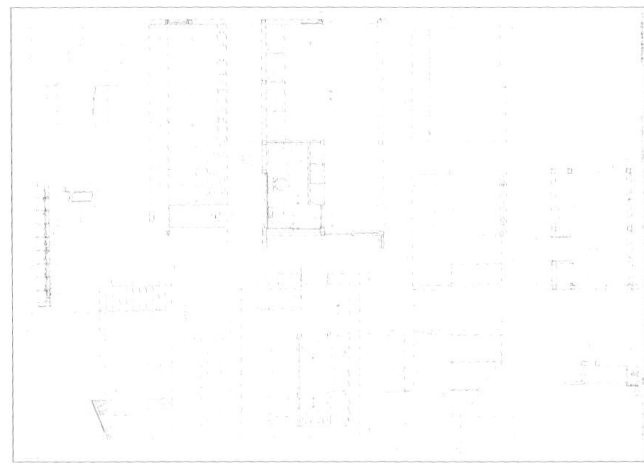

空間の獲得

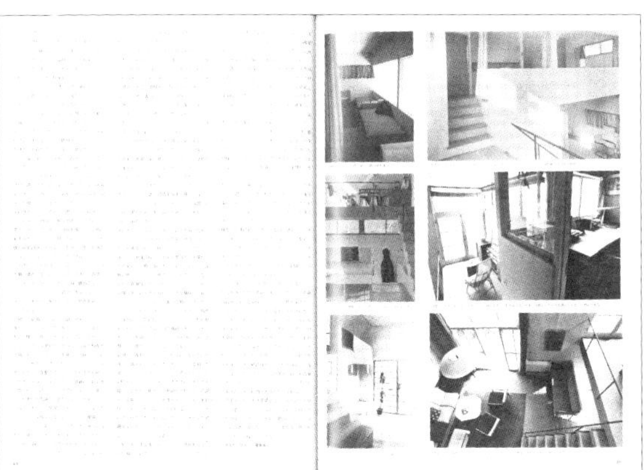

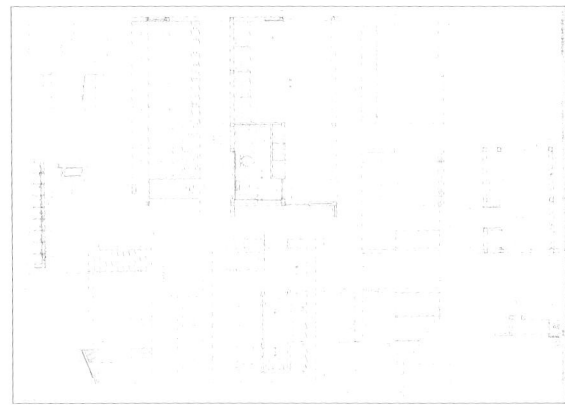

土浦亀城邸　復原・移築プロジェクトに至るまでの主な出来事

【戦前】

1934年(昭和9年)

6月：建築線の指定申請を大崎警察署に提出し、調査済証が交付される。申請者は竹内昇、代理人は大倉土木の長谷川眞治。表の通りから土浦邸予定地前を経て使用権者島田巽の土地に至るS字形の道路。
土浦亀城、自動車車庫建築許可を警視庁に申請(代理人は池内延蔵)。建築工事の仕様書を添付(施工は秋山組)。

7月：警視庁、自動車車庫建築を許可。

8月：長者丸270番地の実測(橋本測量社)。

1935年(昭和10年)

3月：『新建築』1935年3月号に掲載。

4月：『婦人画報』1935年4月号に掲載。

1938年(昭和13年)

3月：増築の建築申請書を大崎警察署に提出し、認可証が交付される(代理人は池内延蔵)。土浦は建築主と建築工事管理者を兼ねる。敷地所有者は長者丸270の吉田幸三郎、設計者は土浦建築事務所(京橋区京橋1-4 山中ビル3階)、施工者は合資会社秋山組(京橋区明石町420)。認可日より即日起工し、工期は120日。

【戦中】

1941〜1945年(昭和16〜20年)

土浦邸を事務所として使用。所員の村田と加藤が居住。

【戦後】

1954年(昭和29年)頃

改修工事。外壁が竪板羽目張りになる。

1971年(昭和46年)

9月：編集者の植田実が鹿島研究所出版会『都市住宅臨時増刊　住宅第1集』に土浦邸を掲載。

10月：土地の売買契約及び登記。西側を減築し、既存部を改修。

1973年(昭和48年)

建築史家の藤森照信が、土浦邸を初めて訪問。

1976年(昭和51年)

6月：建築史家の堀勇良が、藤森と共に土浦邸を訪問。

1986年(昭和61年)

6月：藤森が『昭和住宅物語』(新建築社刊／1990年)の取材で土浦邸を訪問。この時、アントン・フェラーの写真を発見する。藤森がこれを建築史家の西澤泰彦に見せ、後日、西澤が土浦邸を初めて訪問する。
この年から翌年にかけて、西澤と藤森研の技官・中川宇妻が計8回土浦邸を訪問し、土浦夫妻に対してインタビューを実施。アントン・フェラーについて、土浦邸などに用いた木造乾式工法や木造モダニズム、チェコ人の建築家・フォイエルシュタインとの邂逅、同級生の岸田日出刀についてなどを中心にヒアリングを実施。

1988年(昭和63年)

2月：タリアセンで働いた経験のある中国の清華大学教授・汪坦が土浦邸を訪問。土浦夫妻とライト談義に花を咲かせる。

7月：『SD』1988年7月号の「特集・昭和初期モダニズム建築」に土浦のインタビューが掲載。(西澤による1986〜1987年のインタビューに基づいた記事)

7月〜9月：
東京・銀座の東京ガス・ポケットパークにて「昭和初期モダニズム建築展」が開催。これは、上記の土浦夫妻へのインタビュー内容や土浦邸に保管されていた資料を一般公開することを目的に、藤森がポケットパークと交渉して実現。

1992年(平成4年)

江戸東京博物館がビデオ「白い箱の家〜土浦亀城邸」を製作(出演：土浦夫妻、藤森照信)。

1993年(平成5年)

3月：江戸東京博物館の分館として、江戸東京たてもの園が開園。土浦邸が重要候補建造物としてリストアップされる。

4月：土浦夫妻が江戸東京たてもの園を訪問。現地を見た土浦亀城が「この平らなところに僕の家をどうやって配置するの？」と発言。

1994年(平成6年)

11月：土浦亀城、文化財指定を内諾。

12月：都文化財保護審議会委員(工学院大学山崎弘教授)による文化財指定のための現地調査実施。文化財指定議案説明書を作成。

1995年(平成7年)

1月：土浦亀城より指定の同意書を得る。

2月：都文化財保護審議会開催(諮問と答申)。

3月：東京都指定文化財に指定される。都公報に告示。この時点では江戸東京たてもの園への移築が前提であったため、主屋のみ指定(附属建物や塀などの環境物件は指定対象外)。

5月：平成6年度指定文化財指定書の交付式。

11月〜1996年3月：
東京・新宿のギャラリー・タイセイにおいて「F.L.ライトと弟子たち：日本人によるライトの受容と実践展」が開催。ライトの弟子(遠藤新、土浦亀城、田上義也)の活動紹介の一環として土浦邸が紹介された。展覧会図録に西澤の「弟子は師を越えて―土浦亀城とライト」が収録される。

1996年(平成8年)

1月：土浦亀城逝去。自宅(土浦邸)で通夜、聖アンセルモ教会で葬儀(葬儀委員長：藤森照信)。

7月：『SD』1996年7月号「再考建築家土浦亀城」。土浦亀城の追悼号として『SD』編集部が西澤の協力の下で刊行。

1997年(平成9年)

東京都の財政悪化により、土浦邸の江戸東京たてもの園への移築事業が凍結になる見通しとなる。

1998年(平成10年)

12月：土浦信子逝去。(葬儀委員長：藤森照信)
遺言状により、中村常子が土浦邸と土浦夫妻の遺留品を相続。

【所有者：中村常子】

1999年（平成11年）

土浦邸がDOCOMOMOの20選に選定。

3月：「土浦信子を偲ぶ会」開催。

9月～11月：

三重県立美術館にて「20世紀日本美術再見Ⅲ　1930年代展」が開催。本展に、土浦邸2階寝室の鏡台が出展。

12月：ホテル国際観光・芙蓉の間にて「土浦夫妻を偲ぶ会」が開催。（幹事：佐々木喬）

2000年（平成12年）

4月：『confort』41号にて、土浦邸を紹介した西澤の「『間』を持つ都市型住宅」が掲載。

2001年（平成13年）

3月：小川信子・田中厚子『ビッグ・リトル・ノブ　ライトの弟子・女性建築家土浦信子』（ドメス出版）刊行。

2002年（平成14年）

江戸東京博物館に土浦亀城建築事務所時代の図面資料を寄贈。

2003年（平成15年）

7月：土浦邸の保存管理計画・建造物修理工事などを検討。

2005年（平成17年）

7月：土浦邸保存方針の検討。中村は修理しながら住み続けたいとの意思を表明。

2006年（平成18年）

3月～5月：

江戸東京博物館で「昭和モダニズムとバウハウス～建築家土浦亀城を中心に～展」が開催。土浦事務所のOBOG会である「温土会」（佐々木喬、小川信子、浅見正之、畑中康、星野淳、手嶋好男、小野和朗、田中正美、牧野良一、坂口清博、浅見邦夫）が尽力。

2008年～2009年（平成20～21年）

所有者の中村と、藤森ら関係者の間で江戸東京たてもの園への移築と重要文化財指定の相談・検討が行われる。

2010年（平成22年）

6月：土浦邸外壁のペンキ補修及びサッシ修理。土浦事務所のOBOG会「温土会」の浅見邦夫が担当。

2011年（平成23年）

2月：土浦邸の現状の諸問題と保存の可能性について、所有者の中村が藤森に相談。

2013年（平成25年）

2月：震災による毀損部分修理検討。

3月：修理計画の確認。3月から4月にかけて改修工事が行われる（工事：洗足工務店）。

住宅遺産トラスト設立。

9月：土浦邸フレンズ設立。

2014年（平成26年）

3月～5月：

江戸東京たてもの園にて「憧れのモダン住宅　建築家 土浦亀城・信子夫妻の提案 展」が開催。この後、土浦邸に隣接する竹内邸で使用されていたスチールパイプ椅子2脚が江戸東京博物館に寄贈される。

4月：代官山ヒルサイドテラスにて「土浦邸フレンズ設立記念講演会2014：モダニズム建築に託した夢」が開催。以降、「土浦邸フレンズ」は2018年まで計6回にわたって研究会を開催。

5月：『土浦亀城と白い家』（田中厚子著／鹿島出版会）が刊行。

土浦邸のボイラー設備交換・台所床補強工事（工事監修：正宗量子、小川信子、浅野春美／施工：洗足工務店）。

2016年（平成28年）

1月：土浦邸の継承について、藤森が住宅遺産トラストに相談。

2月：藤森と住宅遺産トラストの木下壽子・吉見千晶が土浦邸を訪問。居住者である中村の希望を聞く。住宅遺産トラストは2017年末までに約20名の継承候補者を中村常子に紹介する。

2017年（平成29年）

7月：中村常子が転倒、入院する。

12月：住宅遺産トラストが、前所有者を土浦邸に案内。

2018年（平成30年）

1月：前所有者と藤森が会合。前所有者の意向を確認。

6月：前所有者が土浦邸の修繕方法について、建築家・安田幸一に検討を依頼。

8月：中村と前所有者の間で売買契約が成立。

【前所有者】

9月：土浦邸建屋及び遺留品が、中村から前所有者に引き渡される。

以降、p.048-049を参照

復原・移築の設計・施工体制と完成後の運営体制

［設計］

建築　安田アトリエ
　担当／安田幸一、北田明裕、鈴木智子
歴史考証
　東京工業大学山﨑鯛介研究室
　担当／山﨑鯛介
　居住技術研究所
　担当／加藤雅久
　東京工業大学安田幸一研究室
　担当／長沼徹（建築色彩考証・復原、家具復原）
軸組解体記録（3D測量）
　東京工業大学藤田康仁研究室
　担当／藤田康仁
木軸組調査・軸組図・伏図製図
　後藤工務店
　担当／後藤喜男
歴史考証協力
　田中厚子
歴史考証協力
　前田鉄工所
　担当／山口崇
実測調査・実測図面・模型制作
　東京工業大学安田幸一研究室
　担当／長沼徹、山口裕太郎、榎航太朗、木内健斗、森本玄、松永香央里
　小林由佳、星野真美、中谷司、車田日南子、西村智子、加藤雄也
　石田秀斗、小野美史、池田瑶葵、川崎龍一
家具考察・設計
　東京工業大学安田幸一研究室
　担当／安田幸一、長沼徹、小林由佳
　青島商店エムプラス
　担当：正延俊樹
構造　金箱構造設計事務所
　担当／金箱温春、潤井駿司
設備　ZO設計室
　担当／伊藤教子、佐々木歩貴
ランドスケープ
　ランドスケープ・プラス
　担当／平賀達也、村瀬淳

監理　安田アトリエ　担当／安田幸一、北田明裕、鈴木智子
　東京工業大学山﨑鯛介研究室　担当／山﨑鯛介
　居住技術研究所　担当／加藤雅久
　東京工業大学安田幸一研究室　担当／長沼徹

［施工］

総合　鹿島建設株式会社東京建築支店
　建築担当／高波敏博、吉田光宏、山田和臣、遠藤貴史
空調・衛生
　大気社　担当／郷矢高生、佐藤魁平
電気　きんでん
　担当／曽我俊太、菅原衛
木工事（実測図面作成・木軸仕上げ解体/大ばらし・保存修理・建方）
・造作工事
　後藤工務店
　担当／後藤喜男、後藤亮、広井和英、遠藤凌平、前田拓郎
家具（家具修理・製作図面作成・家具新規制作）
　青島商店エムプラス
　担当：正延俊樹、工藤精一（木工補修）、古谷奈己（塗装補修）
リクライニングチェア製作
　ワイ・エム・ケー長岡　担当：西脇裕二
フローリング工事（既存部材修理・新規制作・施工）
　昭和洋樽製作所　担当：菅泰輔
塗装　佐藤興業　担当：照屋康輝
建築金物修理・一部製作
　堀商店　担当：渡辺一孝
カーテン・ラグマット製作
　川島織物セルコン　担当：亀山和宏、本田純子
照明器具制作・修理
　ジャパンランパス　担当：上野淳一郎
電動ブラインド製作
　ナニックジャパン　担当：屋宜将文（元所員）、鈴木康之

［一般公開・管理運営］

一般公開・管理運営
　株式会社ピーオーリアルエステート
　https://www.po-realestate.co.jp/business/aoyama-tsuchiurakameki.html
一般公開協力
　一般社団法人住宅遺産トラスト
土浦夫妻資料調査
　株式会社ポーラ・オルビスホールディングス　ポーラ文化研究所
　https://www.cosmetic-culture.po-holdings.co.jp/tsuchiura/

［土浦亀城アーカイブズ］
山﨑鯛介、安田幸一、長沼徹

謝辞　あとがきにかえて

建築をひとりでつくることは不可能である。建築は、たくさんの人の力を結集して、長い時間をかけて丁寧につくり上げるものである。 土浦亀城邸の復原・移築プロジェクトにおいてもそれは同様であった。この小さな住宅でも数多くの方々からの温かいご協力を得て、ようやく完成にたどり着いた。

一方で、建築をつくることを最終的に決断するのは、ただひとりである。土浦邸については長年多くの方々が「後世に残したい」と願い続けてきたが、実際にこの名建築を世に残す英断をされたのは、たったひとりの個人の方であった。まさに彼がプロジェクトのトリガーを引いたのである。本書の出版についても快く後押しをいただいた。

ここに改めて、前所有者である鈴木郷史氏に最大限の感謝の意を表したい。

安田幸一

註釈

p.078-083

*1 土浦市松と横山大観が酒井姓ではないのは、それぞれ他家の長男養子になったことによる。

*2 戸籍では東京の本郷生まれだが、母の地元の仙台で生まれた可能性が高い。本名は信だが、本稿では通称の信子を用いる。

*3 1284 Harper Avenue, West Hollywood, CA. Kathryn Smith "Frank Lloyd Wright-Hollyhock House and Olive Hill" Rizzoli, 1992, p166. 1923年の夏、ライトはBarnsdall Studio Residence Bにスタジオを移した。

*4 コンクリート・ブロックの住宅についてはRobert L. Sweeney, "Wright in Hollywood"The Architectural History Foundation and the MIT Press,1994、計画案については David G. De Long, general editor, "Frank Lloyd Wright – Designs for an American Landscape 1922-1932" Harry N. Abrams, Inc. 1996を参照。

*5 1989年11月2日の田中厚子氏による聞取り。以下に示す聞取りはいずれも田中厚子氏による。

*6 1987年7月7日の聞取り。International Correspondence School (Scranton, PA)と推察される。

*7 1989年11月24日の聞き取り。

*8 1989年12月1日の聞き書き。

*9 1930年の谷井邸、大脇邸、そして1931年の五反田の自邸は、聞き取りや『新建築』1932年2月号等の雑誌記事から共同設計といえる。

*10「涼しい家—窓を大きくした文化住宅、土浦のぶ女史の設計談」国民新聞付録1929年8月18日。

*11 対談「台所の設計　器具の工夫」『婦人之友』1935年5月号。「住宅と主婦の考案」『今日の住宅—その健康性と能率性へ』アサヒグラフ編1935年。

*12「協同設計のお手並」『東京朝日新聞』昭和10年1月4日。

*13 設立翌年の所員は、弟の土浦稲城、今井親賢、郡菊男、松村正恒。河野通祐『蚯蚓のつぶやき - 無名建築家の生涯』大龍堂書店、1997年。

*14「元所員へのインタビュー：土浦亀城の建築思想」『SD』1996年7月。

p.109-117

*15 田中厚子氏の著書『土浦亀城と白い家』(鹿島出版会／2014年)によれば、地下室は敷地に残されていた「竹内家の蔵の土台を再利用」し、「敷地のレベルを4つに設定して造成」することにより立体的な空間を実現したという。

p.118-167

*16『国際建築』1932年3月号「乾式構造の住宅(trockenmontae bau)」にて土浦が乾式工法の利点について「次に増築、変更が容易であって、どの部分からでも取り外したり、継ぎ足したりする事が出来る」と記述。

*17『建築の一九三〇年代 - 系譜と脈絡』(1978年1月／鹿島出版会)より引用。

*18『国際建築』1931年3月号「新住宅建築の問題」より引用。

文中人名解説

五十音順に掲載

アルヴァ・アアルト (Alvar Aalto / 1898-1976)
フィンランド出身の建築家・都市計画家・デザイナー。建築家としてだけではなく、プロダクトデザイナーとしても高い評価を得た。

アンドレ・リュルサ (Andre Lurcat / 1894-1970)
フランスの建築家・造園家・都市計画家。第二次世界大戦によって荒廃した都市の再建に取り組み、また住宅における景観の重要性を唱えた。

アンドレーア・パッラーディオ (Andrea Palladio / 1508-1580)
イタリアのルネサンス盛期に活躍した最初期の職業建築家。著書『建築四書』は古典主義建築の基本文献となった。

アントン・フェラー (Anton Feller / 1892-1973)
オーストリア出身の技術者。1919～1921年ソウルと大連の中村與資平の建築事務所に勤務。1923年渡米。タリアセンで土浦と知り合う。

ヴァルター・グロピウス (Walter Gropius / 1883-1969)
モダニズムを代表するドイツの建築家。バウハウスの創設者。著書『国際建築』において「造形は機能に従う」と主張した。

ウイリアム・スミス (William Edward Sotherton-Smith / 1891-after 1942)
カナダ経由で渡米した英国人建築家。1917～1926年にライトの事務所に勤務した。

ヴェルナー・モーザー (Verner M. Moser / 1896-1970)
スイスの建築家。1923～1925年にタリアセン滞在後、シカゴの設計事務所に勤務、1926年にスイスに戻る。1928年CIAM設立に参加。

遠藤新 (1889-1951)
東京帝国大学卒業後、ライトに師事。「帝国ホテル」ではライトのチーフ・アシスタントとして働き、ライトの帰国後は遠藤らが完成させた。

岸田日出刀 (1899-1966)
戦前から戦後にかけて東京帝国大学(後に東京大学)建築学科で長く建築意匠教育に携わり、前川國男や丹下健三ら多くの建築家を育てた。

クレイグ・エルウッド (Craig Ellwood / 1922-1992)
独学で建築を学び、カリフォルニア州を中心に、「ケース・スタディ・ハウスNo.16」をはじめとした、多くのモダニズム建築を手掛けた。

五井孝夫 (1904-1986)
東京帝国大学で同級生の前川國男や谷口吉郎と共に学び、大蔵省に入省。戦後、金沢で建築構造事務所を開く。谷口吉郎の義弟にあたる。

河野通祐 (1915-2001)
土浦亀城建築事務所出身の建築家。社会派として知られ、保育園・幼稚園・青年の家・公民館などの建築を多く手掛けた。

坂口清博
戦後、1960年～1966年までの土浦亀城建築事務所の所員を務める。その後、自身の事務所を開設。

ジェームズ・アッカーマン (James Sloss Ackerman / 1919-2016)
米国の建築史家。『パッラーディオの建築』『ミケランジェロの建築』等、イタリア・ルネサンス期の著書を多く記している。

ジョゼッペ・テラーニ (Giuseppe Terragni / 1904-1943)
イタリアの建築家、都市計画家。イタリアにおけるモダニズムの先駆者として多くの作品を残した。

清家清 (1918-2005)
戦後、機能主義による都市住宅のプロトタイプを多く手掛けた建築家。東工大で長く教鞭を執り、林昌二、林雅子、篠原一男らの後進を育てた。
高谷隆太郎 (1904-1995)
土浦亀城の義弟。土浦亀城建築事務所で働いた他、自身の作品として「太平洋戦全国戦災都市空爆死没者慰霊塔」等がある。
武田五一 (1872-1938)
東京帝国大学卒業後、ヨーロッパに留学し、アール・ヌーヴォーやセセッション等の新しい建築デザインを日本に紹介した。雑誌『新建築』の創刊にも尽力。
谷口吉郎 (1904-1979)
繊細な日本の伝統的様式を近代に生かした清明な造形表現が特徴的な建築家。東工大でも長く教鞭を執った。
土浦稲城 (1902-1974)
土浦亀城の実弟。遠藤新に師事した後独立したが、その後、兄の土浦亀城建築事務所に移り、設計活動を支えた。
津村泰範 (1972-)
専門は歴史的建築や都市の保存再生、及び近現代の建築・都市の研究。現在、長岡造形大学造形学部建築・環境デザイン学科 准教授。
野島康三 (1889-1964)
日本の近代写真の草創期である大正時代から活躍した写真家。画廊経営を行うなど、気鋭の美術家の擁護者でもあった。
林雅子 (1928-2001)
日本の女性建築家の草分け的存在。日本女子大学家政学部の一期生。夫は建築家の林昌二。女性として初めて日本建築学会賞を受賞。
ピーター・アイゼンマン (Peter Eisenman / 1932-)
米国の建築家。伝統的建築の解体と再構成により建築の形態を「解放」する「脱構築主義」を掲げた理論的論客として知られる。
ピエール・コーニッグ (Pierre Koenig / 1925-2004)
米国の建築家。西海岸を主な活躍の場として、「ケース・スタディ・ハウスNo.21」「同No.22」等、鉄骨造の住宅を多く手掛けた。
フィリッポ・ブルネレスキ (Filippo Brunelleschi / 1377-1446)
イタリアのルネサンス初期の金細工師、彫刻家、建築家。主にフィレンツェで活動し、「サンタ・マリア大聖堂の大円蓋」等を手掛けた。
藤岡洋保 (1949-)
建築史家。近代建築史を専門とし、建築家とその思想、デザイン、技術史、保存論等を研究。現在、東京工業大学大学院理工学研究科名誉教授。
フランク・ロイド・ライト (Frank Lloyd Wright / 1867-1959)
米国の建築家。米国の郊外住宅の新様式となった「プレイリー・ハウス」や、自然と建築の共生を唱えた「有機的建築」で知られる。
ベドジヒ・フォイエルシュタイン (Bedrich Feuerstein / 1892-1936)
チェコの建築家。1926年レーモンド事務所の協同設計者として来日。「ライジングサン石油会社横浜支店」などを担当した。1930年離日。
前川國男 (1905-1986)
東京帝国大学卒業後、ル・コルビュジエ、アントニン・レーモンドの下で学ぶ。戦後、モダニズムの旗手として日本の建築界を牽引した。
ミース・ファン・デル・ローエ (Ludwig Mies van der Rohe / 1867-1959)
ドイツ出身の建築家。「Less is more」「God is in the details」等の言葉や「ユニバーサル・スペース」概念等、近代建築に大きな影響を与えた。
村田政真 (1906-1987)
戦前は岡田建築事務所、1940年から土浦亀城建築事務所に勤務。戦後に独立し、「駒沢オリンピック公園総合運動場陸上競技場」等を設計。
山口文象 (1902-1978)
グロピウスに師事。帰国後山口蚊象建築設計事務所を開設。戦前から戦後に掛けてモダニズム建築や和風建築、土木構造物の設計を手掛けた。
吉野作造 (1878-1933)
大正時代を中心に活躍した政治学者・思想家。土浦信子の父。民衆に寄り添った、社会問題の解決を目指した。大正デモクラシーの立役者。
リチャード・ノイトラ (Richard J. Neutra / 1892-1970)
オーストリア出身の米国の建築家。1923年に渡米、1924年秋にタリアセン滞在。1925年よりロサンゼルスに移り、多くの建築作品を設計した。
ルドルフ・シンドラー (Rudolph M. Schindler / 1887-1953)
オーストリア出身の米国の建築家。1914年に渡米し1918年からタリアセン及びシカゴのライト事務所に勤務。自邸等多くの住宅作品を残した。
ロバート・ヴェンチューリ (Robert Charles Venturi Jr. / 1925-2018)
米国の建築家。禁欲的な装飾の否定等、モダニズム建築のいくつかの前提に疑問を呈した最初の建築家のひとりであり、ポストモダンの提唱者。

執筆者・インタビュイー・編集担当

執筆者・インタビュイーは目次順に掲載。本文中における所属・組織名等は2024年6月の竣工時のものとしている。東京工業大学は2024年10月に東京科学大学に改称。

［執筆者］

安田幸一（建築家）
1958年生まれ。1981年東京工業大学工学部建築学科卒業。1983年同大学大学院建築学専攻修士課程修了。1983～2002年日建設計。1989年イェール大学大学院建築学部修士課程修了。1988～1991年バーナード・チュミ・アーキテクツ・ニューヨーク事務所。2002年安田アトリエ設立。2002～2024年東京工業大学教授。
現在、安田アトリエ代表取締役、東京科学大学名誉教授。

植田実（編集者）
1935年生まれ。1960年早稲田大学文学部フランス文学専攻卒業後、槇書店『建築』編集部に入部。1967年鹿島出版会に入社し、『都市住宅』を担当。1975年エーディーエー・エディタ・トーキョー入社。
1987年フリーの編集者となり現在に至る。

岸和郎（建築家）
1950年生まれ。1973年京都大学工学部電気工学科卒業。1975年同大学工学部建築学科卒業。1978年同大学院修士課程建築学専攻修了。
1981年岸和郎建築設計事務所を設立（1993年にK.ASSOCIATES/Architectsに改組改称）。京都工芸繊維大学、京都大学、京都芸術大学などで教鞭を執る。現在、K.ASSOCIATES/Architects代表、京都美術工芸大学大学院特任教授、京都大学名誉教授、京都工芸繊維大学名誉教授。

田中厚子（建築史家）
1954 年生まれ。東京藝術大学美術学部建築科及び同大学院修士課程修了。南カリフォルニア建築大学修士課程修了。博士（工学）。2017～2021年、芝浦工業大学建築部建築学科特任教授。現在、神奈川大学非常勤講師。

山﨑鯛介（建築史家）
1967年生まれ。1990年東京工業大学工学部建築学科卒業。1992年同大学大学院理工学研究科建築学専攻修了後、早川正夫建築設計事務所に勤務。1998年～東京工業大学（2024年に東京科学大学に改称）で教鞭を執る。
現在、東京科学大学博物館 副館長・教授。

加藤雅久（建築技術史家）
1964年生まれ。1989年武蔵野美術大学大学院修了。1989～1993年同大学教務補助員・助手。1993～2000年東京理科大学助手。2000年居住技術研究所設立。
現在、居住技術研究所主宰、東京国立博物館客員研究員、DOCOMOMO Japan理事。

長沼徹（建築史家）
1998年生まれ。2020年東京工業大学環境・社会理工学院建築学系卒業。2022年同大学大学院修士課程修了。2023年同大学大学院博士課程中退。
現在、東京科学大学環境・社会理工学院建築学系助教。

山田和臣（鹿島建設）
1978年生まれ。2000年東京工業大学工学部建築学科卒業。2002年同大学大学院総合理工学研究科人間環境システム専攻修了。
現在、鹿島建設勤務。同社東京建築支店で工事課長を務める。

後藤喜男（後藤工務店）
1958年生まれ。1981年明治大学政治経済学部経済学科卒業。1983年工学院大学専門学校建築科卒業。1983年後藤工務店入社。
現在、後藤工務店代表取締役。

［インタビュイー］

中村常子（元秘書）
土浦亀城・信子夫妻の秘書。夫妻の没後は土浦邸を継承。

小川信子（建築家）
1929年生まれ。1952年日本女子大学家政学部生活芸術科卒業後、土浦亀城建築事務所入所。1955～1998年日本女子大学にて教鞭を執る。1986～1987年スウェーデン王立工科大学 客員研究員。
現在、日本女子大学名誉教授。

槇文彦（建築家）
1928年生まれ。1952年東京大学工学部建築学科を卒業後、米国のクランブルック美術学院及びハーバード大学大学院の修士課程を修了。その後、SOM、セルト・ジャクソン建築設計事務所、ワシントン大学のキャンパス・プランニング・オフィスに勤務。ワシントン大学とハーバード大学で都市デザインの準教授も務める。1965年に帰国し、槇総合計画事務所を設立。東京大学教授を務めたほか、国内外で数々の賞に輝くなど、世界的建築家として高い評価を得る。2024年永眠。

藤森照信（建築家・建築史家）
1946年生まれ。1971年東北大学工学部建築学科卒業。1978年東京大学大学院工学系研究科博士課程修了。近代建築史・都市史研究の他、1991年からは建築家として、自然素材を用いた作品を数多く手掛けている。
現在、東京大学名誉教授。工学院大学特任教授。東京都江戸東京博物館館長。

［編集担当］

北田明裕（建築家）
1968年神奈川県生まれ。1993年東京藝術大学大学院修士課程修了。1993～2003年日建設計。2004～2008年東京工業大学大学補佐員。
2004年～安田アトリエ設計部長。

竹葉徹（編集者）
1975年滋賀県県生まれ。法政大学法学部政治学科、早稲田大学芸術学校建築科卒業後、2002年に新建築社入社。2010年に独立し現在に至る。
現在、ネクト編集事務所代表取締役。

図版等　提供

青島商店エムプラス、ワイ・エム・ケー長岡　p.141の上
鹿島出版会　p.181-184
加藤雅久　p.054の下／p.112／p.166の右
岸和郎　p.071
後藤工務店　p.115／p.151の左2点／p.154／p.158の右／p.159
新建築社　p.132

土浦亀城アーカイブズ　p.002／p.014／p.093の上左／p.137

安田アトリエ　p.056の右／p.113の上右／p.167の左／p.169-180
東京工業大学安田幸一研究室
p.056の左（制作：長沼徹、車田日南子、中谷司、星野真美）／p.066の上（作図：長沼徹）／p.092（作図：小林由佳）／p.113の上左（制作：長沼徹／「旧竹内直哉邸」の平面図は江戸東京博物館所蔵）／p.116（作図：長沼徹）／p.120（作図：小野美史）／p.121-126（作図：加藤雄也、長沼徹）／p.133の下右（制作：長沼徹）／p.134の左（作図：長沼徹）／p.138（作図：西村智子）

写真　撮影・提供

石黒守　p.010／p.050／p.054の上右、下／p.104／p.152
楠瀬友将　p.007／p.027-044／p.065／p.129／p.130の右1点／p.131／p.135／p.139／p.142-143／p.149の下2点

小川信子　p.101
鹿島建設　p.146／p.149の上3点／p.150の左及び右下／p.151の右上2点／p.156／p.158の左下2点／p.160上の右下／p.161／p.162の左下及び右／p.163の下3点／p.166の左下
加藤雅久　p.108／p.110の上3点及び下右／p.111の上及び下左、下中／p.113の下3点／p.114／p.117／p.145／p.147-148／p.151の右下1点／p.155の上右及び下右／p.164-165／p.166の左上／p.167の右2点
国際建築　p.066 左及び中／p119 下左及び下右
新建築社　p.066 右／p119 下中
婦人画報社　p.168（『婦人画報』1935年4月号より）
吉野作造記念館　p.079の下
ワイ・エム・ケー長岡　p.141の下右2点

土浦亀城アーカイブズ　p.015-026／p.068／p.075-078／p.079の上／p.080-091／p.093の下／p.094／p.099／p.110の下左／p.118／p.119／p.128の左／p.130の左3点／p.140／p.141の下左
『土浦亀城邸』編集委員会　p.144

安田アトリエ　p.053の3点／p.054の上左及び上右
東京工業大学安田幸一研究室
p.046／p.066の下3点／p.067／p.093の上中及び上右（模型作成：小林由佳、長沼徹、中谷司）／p.102／p.111の下右／p.128の右2点／p.133の上及び下左／p.134の右／p.136／p.150の右上／p.153／p.155の上左及び下左2点／p.157／p.158の左上／p.160上の左及び右上、下／p.162の左上／p.163の上

土浦亀城邸

2025年4月10日　第1刷発行

企画・編集・発行　『土浦亀城邸』編集委員会
安田幸一・北田明裕・長沼徹・竹葉徹

協力　株式会社ピーオーリアルエステート
一般社団法人住宅遺産トラスト
土浦亀城アーカイブズ

発売所　株式会社鹿島出版会
〒104-0061
東京都中央区銀座6-17-1 銀座6丁目-SQUARE7階
電話 03-6264-2301
振替 00160-2-180883

装丁・デザイン　武田昌也
翻訳　川上純子（Lexis）

印刷・製本　株式会社サンニチ印刷

Printed in Japan
ISBN978-4-306-08573-2 C3052